Leon Schwabacher

Denkschrift über Entstehung und Charakter der fürstlichen Provinzen Russlands

Leon Schwabacher

Denkschrift über Entstehung und Charakter der fürstlichen Provinzen Russlands

ISBN/EAN: 9783743371811

Hergestellt in Europa, USA, Kanada, Australien, Japan

Cover: Foto ©ninafisch / pixelio.de

Manufactured and distributed by brebook publishing software (www.brebook.com)

Leon Schwabacher

Denkschrift über Entstehung und Charakter der fürstlichen Provinzen Russlands

Reinertrag zum Besten der nothleidenden russischen Israeliten.

Denkschrift

über Entstehung und Charakter der
in den südlichen Provinzen

Rußlands

vorgefallenen Unruhen

———

Auf Veranlassung Sr. Durchlaucht des Herrn
Regierungscommissärs Senators etc. etc. Grafen Kutaisoff

verfaßt von

Dr. Simeon Leon v. Schwabacher

Stadtrabbiner in Odessa

Stuttgart
Verlag von Levy & Müller
1882

Alle Rechte vorbehalten.

Druck von L. Weil in Ellwangen.

Wir sehen seit mehreren Jahren jenen großen kulturhistorischen Prozeß in Rußland sich entwickeln, der in der übrigen civilisirten Welt zum Heile der Menschheit bereits geistig durchgearbeitet, und seiner endgiltigen Entscheidung nahe, und um so näher ist, als man von gewissen Seiten sich bemühet, durch Gewaltmaßregeln die Entscheidung abzulenken, oder durch neugeschaffene formelle Hindernisse sie wenigstens zu verzögern.

Es ist nemlich, trotz Allem und Allem, unserer Zeit vorbehalten, das Streben der edlen Geister aller Jahrhunderte, die Herrschaft der Menschheitsidee, das große Werk der Völkerversöhnung zu vollbringen, entsetzliche Thaten der Vergangenheit, wenn nicht vergessen zu machen, doch allmälig zu sühnen, und Nationen, die eine Reihe düsterer Jahrhunderte durch geistige Wahngebilde oder Vorurtheile kalt von einander entfernt, oder auch heiß glühend auf einander gehetzt wurden, im Reiche der Erkenntniß und Liebe, im Reiche Gottes zu vereinen.

Wenn wir nun in uns die tiefe Ueberzeugung tragen, daß durch das erleuchtete Rechtsgefühl unseres Herrn und Kaisers Licht und Recht ihre Triumphe feiern werden, wenn wir überzeugt sind, daß die Wahrheit endlich siegen muß, so halten wir uns doch verpflichtet, unsere schwachen Bemühungen der glänzenden Phalanx der russischen Presse in dem Kampfe anzureihen, zunächst um der guten Sache willen im allgemeinen, dann aber um die Prüfungszeit unserer unglücklichen Nation möglichst abzukürzen, endlich aber um die so betrübenden Excesse, die in den letzten Monaten in den Südgouvernements gegen die Juden sich erhoben, zu kennzeichnen in ihrer Entstehung als das Werk einer schlechten Presse, d. h. einer Partei, die zum Theil aus ungeklärter Weltanschauung, zum Theil aus unlautern Motiven, die historische Entwicklung durch reaktionäre Diversionen, selbst durch einige Stückchen Mittelalter hindern will — die aber schließlich doch nichts sind als die letzten Zuckungen der Krisis, in welcher der Staatskörper Rußlands zur geistigen und sittlichen Gesundheit sich durchringen wird.

Wenn wir die journalistische Thätigkeit jener Partei die schlechte Presse nennen, so ist es nicht allein darum, weil sie uns persönlich feindlich, sondern weil sie im allgemeinen nicht blos ein Verbrechen gegen die

Entwicklung Rußlands, sondern was auf politischem Gebiete bekanntlich schädlicher — ein Fehler ist, indem sie zur Erreichung ihres Zweckes Mittel wählt, die schädlicher sind als der Zweck lohnend wäre, selbst wenn er erreicht würde.

Oder sollte die schlechte Presse, die jahrelang gegen uns wühlt und hetzt, die wilden Leidenschaften der Massen gegen uns aufregt, nicht wissen, daß sie damit die höchsten Güter des Staates in Frage stellt, die Achtung vor dem Gesetze erschüttert, den Rechtssinn verwirrt, die Ordnung stört und den allgemeinen Frieden bricht!

Sollte sie nicht wissen, daß politische Krankheiten eben so ansteckend, wie natürliche, und daß Ziel und Grenze des Contagions nicht zu berechnen sind!

Sollte sie nicht gewußt haben, welche staatsfeindliche Elemente von anderer Seite her den Landesfrieden bedrohten, oder sollte sie es vielleicht nur zu gut gewußt haben, als sie ihr Werk begonnen!

Doch wir wollen, trotz ihrer Schonungslosigkeit gegen uns, sie dieses furchtbaren Spieles nicht anklagen. Ist es aber nicht sehr bedenklich, daß ziemlich zur selben Zeit, wo der Nihilismus seinen offenen Schreckensgang durch Rußland angetreten, sie ihr geheimes Minirwerk begonnen, Gesetz und Ordnung untergraben, und die Furien des Rassenhasses entfesselt! Freilich meinte sie nur Juden, wenigstens sagt sie so, hetzte nur gegen diesen alten Sündenbock der Geschichte den Wolf der Raubsucht. —

Weiß sie aber nicht, daß wenn der Wolf erst den Sündenbock gefressen, er noch weitern Appetit spüren, und nicht allzusehr unterscheiden wird zwischen Sündenböcken und anderen Böcken, da es ihm weniger um die Tugend oder Sündhaftigkeit zu thun ist, als um das Fleisch!

Kennt sie nicht das alte Wort: „Caveant consules ne detrimenti quid" etc., das die römische Staatsweisheit nicht **in** der Gefahr, sondern **vor** der Gefahr auszusprechen pflegte!

Doch wie die Sachen nun jetzt liegen, muß Licht und Klarheit in sie gebracht werden.

Jedenfalls wollen wir die Excesse, deren Erscheinungen entweder als Zeichen, wie roh und räuberisch der Volkscharakter der Russen, oder wie empörend das Treiben und Gebahren der Juden dargestellt wurden, in ihrer wahren Bedeutung erkennen lassen; besonders wollen wir den sogenannten Volkshaß, der hier zum Ausbruch gekommen sein soll, auf seine richtige Natur, seine richtige Quelle und sein richtiges Maß zurückführen.

Die Frage ist somit, woher sind die Unruhen entstanden, was haben sie bezweckt, und warum haben sie sich gegen die Juden gewendet?

Wir wissen bereits, welchen Antheil die schlechte Presse daran hat, wir dürfen auch als bekannt voraussetzen, welche Anstrengungen gewisse regierungsfeindliche Elemente gemacht haben, um in Rußland Verwirrung und Verwilderung zu verbreiten. Sie haben zum tiefen Schmerz aller treuen Unterthanen schon einen entsetzlichen Streich ausgeführt, haben aber auch die Ueberzeugung gewonnen, daß alle Attentate gegen die Spitzen des Staates zu nichts führen, wenn nicht der Unterbau des Staates erschüttert, und dadurch die Staatsordnung gestört und aufgehoben wird.

Es mußte also Unruh, Verwirrung und Gesetzlosigkeit um jeden Preis geschaffen werden, um das Volk an diese Atmosphäre zu gewöhnen und von da aus für Weiteres vorzubereiten, diese Unruhen mußten sich aber auch zugleich in solchen Formen und gegen solche Objecte erheben, von denen man voraussetzen konnte, daß man sich zu ihrem Schutze nicht allzusehr echauffiren würde, und endlich mußten sie für das Volk den Reiz und die Befriedigung seiner Instincte in Aussicht stellen.

Was war somit natürlicher, als daß man die unwissende, leichtgläubige Masse, die immer hungrig und noch mehr durstig ist, dahin lenkte, wo sie ungestraft Tumult, Scandal, dabei ein bischen Plünderung, und vor allem Schnaps in Hülle und Fülle erwarten konnte; zumal man die Armen glauben ließ, daß sie mit der Plünderung der Juden den allerhöchsten Willen vollstrecken, indem man die Schändlichkeit beging, aus Theaterzetteln und Speisekarten ihnen Ukase vorzulesen, daß befohlen worden, man solle durch drei Tage die Juden schlagen, und ihr Eigenthum plündern und zerstören.

Was war somit natürlicher, als daß man die Massen gegen die Juden hetzte, jenen défaut de la cuirasse des Staates, den man am wenigsten geschützt wußte, bei denen man immer etwas zu finden hoffen durfte, und wo man schließlich immer auf eine zum Applaus geneigte Gallerie, ja sogar erste Logenreihe rechnen konnte.

Viele Wochen vor dem Ausbruche des Sturmes lag schon eine gewisse Schwüle in der gesellschaftlichen Luft, es gingen Gerüchte, versteckte Drohungen, auch wohlwollende Warnungen uns zu. Die Scandalpresse, die schon seit einem Jahre auf dies Ideal ihrer edlen Bestrebungen hinarbeitete, sah sich bereits am Ziele, und gab, um für alle Fälle gedeckt zu sein, heuchlerische Rathschläge, ermahnte das Volk, die Juden ja nicht zu schlagen, obgleich ihre schändliche Exploitation das volle Maß der Strafe verdient hätte. Der Redakteur ist wahrscheinlich schon einmal im Vorzimmer eines Diplomaten gestanden.

Eines ihrer Organe gewann sogar für den letzten Brandartikel den Namen eines gewissen, eigentlich sehr ungewissen Juden. Was kann man nicht Alles finden, wenn man tief genug zu suchen weiß! Endlich brach es los.

Wir überheben uns der traurigen Schilderung der einzelnen Scenen, glauben uns aber berechtigt aus der Verschiedenheit ihres Charakters und ihrer Färbung auf die Verschiedenheit der maßgebenden Einflüsse schließen zu dürfen, und zu behaupten, daß keinesfalls von spontanem Volkshasse die Rede sein könne, d. h. von einer aus dem Volksleben selbst stammenden, das ganze Volk beherrschenden feindlichen Gesinnung, wenn die Art und Weise des Ausdrucks so verschieden ist. Während z. B. in Elisabetgrad und Kiew, in Smela, Szmerinka ꝛc. ꝛc. Scenen aus der Vandalenzeit sich abspielten, sah die Sache in Odessa einem wilden Jungenstreiche ähnlich, indem einige hundert Gassenbuben untermischt mit einer in Zahl schwankenden, in der Haltung wankenden Barfüßlerrotte durch die Straßen johlten, nach rechts und links die Fenster einwarfen, Buden erbrachen, und aus Versehen dies und jenes annectirten, besonders ihre etwas elementare Garderobe erneuerten, und was sich von selbst versteht, den Schnapsbuden die gehörige Aufmerksamkeit schenkten — hören wir aus anderen Städten und Kolonien Berichte der gemüthlichsten Naivetät, indem einen Tag vor der anbefohlenen Plünderung die ehrlichen Russen zu Moschko kamen, und ihn baten, er möchte doch alle seine werthvollen Sachen heute noch wegführen, da sie morgen Alles zerschlagen und brechen müßten, ja sogar die guten Leute boten ihm ihre eigenen Fuhrwerke an, die sie zu diesem Zwecke mitgebracht hatten.

Ein anderer Fall: zu einem Fabrikanten kam eine kleine Deputation seiner Arbeiter. Der Anführer sprach folgendermaßen: Herr wir sind zufrieden mit dir, wie du mit uns zufrieden bist, aber was ist gegen einen Ukas zu machen, morgen müssen wir brechen; willst du uns aber eine Verschreibung geben, schriftlich muß es sein, mit deinem Vornamen, Vatersnamen und Familiennamen, daß du die Verantwortlichkeit gegen die Behörde übernimmst, so rühren wir nichts an.

Wer will, wer kann bei allem schmerzlichen Eindruck des Ganzen unempfindlich bleiben gegen diesen gemüthlichen, ehrlichen Grundzug des russischen Nationalcharacters? Hier hat das Volk aus seinem Innersten herausgesprochen, dort hat es als blindes Werkzeug seiner Verführer gehandelt. Wer kann nun hier vom Volkshasse sprechen? Freilich ist der Gesammteindruck der Ereignisse kein idyllischer, auch leugnen wir nicht, daß der Haß dabei eine große Rolle spielt, aber diesen Haß haben wir nicht bei dem gesunden Volke zu suchen, der geht vielmehr in erster Linie von den halbgebildeten, oder ganz verbildeten Mitgliedern der sogenannten höheren Klassen aus, von jenen problematischen Existenzen, die selbst die höchsten Kreise unsicher machen; aber ganz besonders geht derselbe von einer Seite aus, die wir später zu betrachten uns vorbehalten.

Wir stellen es als Hauptsatz dieser Auseinandersetzung auf, daß das russische Volk in seinem Grundcharacter zu schlicht und harmlos, zu brav und bieder ist, als daß es eines leidenschaftlichen Hasses überhaupt fähig wäre, vollends gegen uns, die wir in den tausendfachen Wechselbeziehungen des Lebens freundschaftlich und hilfreich, nehmend und gebend mit ihm verkehren, und daß dieses Volk somit nur das unschuldige, blinde Werkzeug frevelhafter Bestrebungen, die viel höhere Ziele hatten, gewesen ist.

Wir können und wollen nicht leugnen, daß der Judenhaß ein altes Erbstück der Geschichte, ein Völkerfideicommiß ist; dennoch hat es Zeit und Mühe genug gekostet, bis das Fideicommiß seine im Leben verwendbaren Zinsen abwarf. Aber merkwürdig, während im Alterthum zwischen Rom und Karthago, im Mittelalter zwischen Frankreich und England, in der Neuzeit zwischen Deutschland und Frankreich der Haß in den Völkern tief Wurzel geschlagen, war der Haß gegen die Juden nie ein naturwüchsiger, mußte dieser erst von außen durch politischen oder religiösen Fanatismus entzündet werden; und selbst dann wollte er noch nicht recht ziehen, solange man nicht die niederen Volksinstincte erweckte. Freilich Neid, Raub= und Rauflust haben immer ihre Zugkraft, und werden sie haben, wenn alle höheren Motive lahm sein werden.

Wir haben den Judenhaß ein Erbstück genannt, somit dürfte die Untersuchung wohl interessant sein, woher denn eigentlich das Erbstück stammt d. h. wie, wo und wieso der Judenhaß entstanden ist?

Wir wissen aus Erfahrung, daß Kinder, wenn sie einen neuen fremdartig gestalteten Knaben in ihre Schule eintreten sehen, denselben mit lauernden Blicken betrachten, nicht etwa weil sie ihn für schlecht halten, sondern weil sie in ihm einen Andern sehen, als sie selber sind; doch werden sie immer in einem gewissen natürlichen Rechtsgefühl noch zurückhaltend sein; wenn sie aber bemerken, daß der Lehrer den Fremden neckt und zurücksetzt, sehen sie darin das Signal den Armen zu verfolgen, und glauben sich berechtigt ihn zum Spielball ihrer Laune zu machen, ihm allerlei anzudichten, und zuletzt sind sie überzeugt, daß die angedichteten Fehler wahr seien. So haben die Völker anfangs die Juden mit überraschten Blicken bei sich eintreten gesehen, weil diese anders waren als sie selbst, weil ihre Physis und ihre Psyche d. h. ihr Leben und ihre Sitten, ihre Handlungs= und Denkweise ihnen fremdartig erschienen.

Als nun aber die Politik es nützlich erscheinen ließ, den Fremden als Schickjungen, als Prügelbuben oder auch als Sündenbock in Reserve zu halten, um eventualiter die demonstrationsbedürftige Ueberkraft des eigenen Volkes auf ihn lenken zu können, da hielten sich die angesessenen Völker für berechtigt, das fremde Volk zu necken, und wohl auch zum Spielball anfangs ihrer kindischen, später ihrer unlauteren Instincte zu machen.

Doch es liegt ein Etwas im Menschen, es ist dies sein Göttlicher Theil, von dem schon Ovid sagt: „Est Deus in nobis, agitante calescimus illo" S. Fasti 6. 5., das nicht so leicht zu verderben ist, und darum hat es auch lange Zeit bedurft, die Völker an Judenhaß zu gewöhnen; politische Motive allein zeigten sich als nicht ausreichend, die alten Völker bekriegten sich, besiegten sich, und unterdrückten einander, haßten sich aber darum nicht.

Die Egypter waren das erste Volk, mit dem der Hebräerstamm in Berührung kam; Pharao fürchtete in ihnen die natürlichen Verbündeten der Hyksos, die seine östlichen Grenzen bedrohten, und der politische Haß war gegeben; darum erinnerte er sich Josephs nicht mehr (S. II. B. M. 1); das Volk hatte aber ein besseres Gedächtniß für seinen Wohlthäter, es stand immer in freundschaftlichem Verkehr mit dem fremden Stamm, wie es heißt: „Und der Herr gab dem Volke Gunst in den Augen der Egypter" S. II. B. M. Cap. 12. V. 36.

Der erste echte Judenfeind, Prototyp, mustergiltig für alle Zeiten, war Haman. Um sein persönliches Rachegefühl gegen einen Juden zu befriedigen, wirft er seinen Haß auf alle, verleumdet die Gesammtheit, indem er auf ein Körnlein Wahrheit einen Berg von Lügen häuft. Und dieses Körnlein Wahrheit „es lebt ein Volk zerstreut in deinem Reiche", das zum Verbrechen der Juden gemacht wurde, war ja gewiß nicht ihre

Schuld, vielmehr ihr Unglück; denn sicher wären sie lieber frei und unabhängig in ihrem eigenen Lande gesessen, als zerstreut in der Fremde das Brod des Elends zu essen.

O Haman verstand sich auf die Verleumbung; sein Mittel ist mustergiltig, und wird heute mutatis mutandis noch mit Erfolg angewendet; mit dieser kleinen Dosis Wahrheit mischte er eine große Portion Lüge: „sie gehorchen nicht den Staatsgesetzen, und bringen dem König keinen Nutzen," er macht daraus eine Pille, hüllt sie in Silberglanz: „10000 Kikar Silber wird das Resultat der Plünderung sein" und — probatum est! Sollte der Erfolg kein so günstiger sein — so schadets auch nichts; die Hauptsache ist die Wirkung, und nicht der Erfolg.

Nero war auch ein Judenhasser, doch nicht ganz correct, indem er sie mit der kleinen Secte zusammen warf, die mit dem jüdischen Spiritualismus die christliche Abnegation, jene absolute Gleichgiltigkeit gegen die Welt verband, die bis zur begeisterten Todesfreudigkeit sich steigerte, und in ihnen die Verdammung des heidnischen Sensualismus, den Sturz der alten Zustände ahnte; er haßte den innern Menschen, das Wesen, das ihm nothwendig zuwider war, und er verstand zu hassen.

Ihm folgten andere Kaiser, die aus politischen, oder auch dynastischen Gründen, später noch andere, die je nachdem sie Zeit hatten, d. h. je nachdem die fremden Barbaren, oder auch ihre eigenen Barbaren, d. h. ihre Prätorianer ihr Denken anderswohin lenkten oder nicht, die Juden verfolgten oder ignorirten, bis Constantin (311) die Herrschaft der Kirche als Thatsache hinstellte, und endlich Justinian (532) eine eigene gesetzliche Verfolgungstheorie ausarbeitete. S. Codex Justiniani tom. V § 21 Novelle 45.

Es war ein Verfolgen ohne Erfolg.

Später übernahm die Kirche (ich sage nicht das Christenthum) die Aufgabe, und natürlich mit mehr Erfolg als die weltliche Macht, da sie dasjenige als höhere Pflicht erkannte, was jene nur als politisches Recht sich anmaßte; und dennoch wollte es ihr nicht recht gelingen, es bedurfte auch für sie viel Zeit, bis sie die reinen Lehren der Bergpredigt durch den düstern Fanatismus verdrängen konnte, bis die Tochter gelernt ihre Mutter zu hassen und zu verfolgen.

Ja so mächtig die Kirche war, sie konnte doch das social freundschaftliche Leben nicht so schnell verwüsten. Man glaubte ein Anderes, man betete anders, aber man lebte zusammen, man hatte Vertrauen zu einander, diente einander; und es bedurfte der Concilbeschlüsse von Vannes (465), um zu verbieten, daß christliche Geistliche mit Juden freundschaftlichen Umgang pflegten, zusammen essen und einander heirathen sollten, „incipiunt esse clerici inferiores quam Judaei, si nos, quae ab „illis apponuntur, utamur, illi a nobis oblata contemnunt." S. Concil Van. bei Mansi T. VII. p. 954 art. 12.

Als der edle Hilarius, Bischof von Arles, 449 starb, folgten viele Juden dem Leichenzuge, betrauerten ihn, indem sie ihre Psalmen sangen. S. vita Hilarii.

Bei Gregor Turon, Geschichte der Kirchenväter, p. 1176 lesen wir, als St. Gallus gestorben (640), begleiteten ihn die Juden, sangen Psalmen und betrauerten ihn: „Ipsi quoque Judaei accensis lampadibus plangendo prosequebantur."

Wie scharf die Beschlüsse von Vannes gewesen, scheinen sie doch nicht recht Wurzel gefaßt zu haben; denn schon im Jahre 517 sah sich der glaubenseifrige Bischof Avitus veranlaßt auf dem Concil von Epaone selbst den Laien die Theilnahme an den jüdischen Gastmählern zu verbieten, weil die leibliche Nähe (behagliche Stimmung) mit Ungläubigen dem Seelenheile schädlich sei. Siehe bei Mansi T. VIII. p. 56.

Das Concil von Orleans mußte trotzdem (533) Ehen zwischen Juden und Christen verbieten, und zwar legte es mehr Gewicht auf den Mangel der kirchlichen Einsegnung, als daß es die Verbindung selbst für sündhaft hielt. „Illorum vero conjugia, qui contemtis omnibus illis „sollenitatibus solo affectu aliquam sibi in conjugem copulant, „hujusmodi conjugium non legitimum, sed ratum tantummodo esse „creditur: Gratian P. II zu Causa 28 quarto L. C. 17 edit Rich„ter I. p. 945" mußte den Juden streng untersagen, christliche Proselyten aufzunehmen. S. Concil aurel: II. Cap. 19. bei Mansi pag. 822 und 861; ferner Concil aurel: III. Cap. 13, IV. Cap. 31 bei Mansi pag. 15 und 117.

Wie allgemein die gemischten Ehen waren, ersieht man aus dem 4. Concil von Toledo, wo beschlossen wurde: Judaei, qui Christianas mulieres in conjugio habent, admoneantur ab civitatis episcopo, ut, si cum eis permanere cupiunt, Christiani efficiantur. S. Concil Tol. Art. 65 Mansi Tom. X. pag. 633.

Bei alledem scheinen die Juden in der Gesellschaft noch eine gewisse Stellung eingenommen, besonders das Vertrauen der Christen in

Beziehung auf ihre richterliche Unparteilichkeit besessen zu haben, denn das Concil von Maçon (581) mußte in ausdrücklichen Beschlusse verbieten, daß die Juden fürder Richterstellen einnehmen durften: „ne Judaei „christianis populis judices deputentur, aut telonarii esse promitantur, „per quod illis, quod Deus avertat, Christiani videantur esse sub„jecti" bei Mansi T. IX P. 93 Art. 13.

Ebenso war es das Concil von Paris (615), das sie wiederholt vom Kriegsdienste und öffentlichen Aemtern ausschloß: „Ut nullus Judaeorum qualemcunque militiam aut actionem publicam super christianos aut petere a principe aut agere praesumat." S. Mansi T. X. p. 542 Art. 15.

Dennoch mußte das Concil von Rheims (630) alle diese, wie es scheint, bereits in Vergessenheit gekommenen Beschlüsse wiederum erneuern. S. Concil Rhenan: bei Mansi T. X. pag. 96. Und bei alledem finden wir, daß im Jahre 1330 das Concil von Terracina es den frommen Christen einschärfen mußte, an jüdischen Hochzeiten und Beschneidungen ja nicht theilzunehmen, und ganz besonders bei Juden nicht Gevatter zu stehen. S. Marteno Thesaurus anecdotum IV. 34.

So scheint denn, daß selbst die Kirche nicht vermochte, die Menschen ganz auseinander zu reißen, daß wenigstens das warme Leben mit seinen tausendfachen Verschlingungen stärker war, als der kalte Haß mit seiner trennenden Gewalt.

Nun aber ließ man neue Momente auftreten, welche alles dasjenige erreichten, was den frommen Wünschen und Bestrebungen unerreichbar war.

Der Neid sollte die niederen Instincte der Völker aufstacheln, Geldgier und Raubsucht traten in schamloser Nacktheit hervor, und nachdem die Großen den Löwenantheil sich gesichert, überließen sie dem Volke die Reste, welche aber hinreichten, die Massen auf den Geschmack zu bringen, und bald loderten da und dort die Flammen auf, es floß das Blut der Opfer und die Parole der Verfolgung war gegeben für Jahrhunderte.

Ja Jahrhunderte dauerte die systematische Verfolgung des unglücklichen Stammes, dessen Ausbeutung und Erniedrigung nun beschlossene Sache war.

Die Gesetzgebung verbot den Juden den Besitz des Landes, untersagte ihnen jedes redliche Gewerbe, wies sie ausdrücklich auf den Tröbel und Wucher hin.

Philipp August rief 1218 die Juden zurück, nachdem er sie zweimal ausgeplündert, und dann ausgewiesen hatte, und ordnete ihre Handelsverhältnisse auf gesetzlichem Boden, indem er ihnen 50% Zinsen festsetzte. S. Ordonances des roys de France tom. I. p. 36, 37.

Louis IX. wollte den Wucher der Juden beschränken, aber seine Barone widersetzten sich ihm, weil die christlichen Wucherer sie noch ärger drückten als die jüdischen. S. Depping Histoire des Juifs au moyen age p. 124. Karl V. bestimmte 1361 80%, S. ordonances IV p. 439 V. p. 496.

Alphons der Weise bestimmte 1250 25% gesetzlich.

Friedrich von Oesterreich (der Streitbare) erlaubt in seinem Judenstatut vom 1. Juli 1244 den Wucher ohne Begrenzung.

Das „Schwabenrecht" erlaubt 25 % gestohlenes Gut zu kaufen und als Pfand zu nehmen.

Die Königin Mutter Donna Maria de Molina reduzirte den Zinsfuß auf 33 %.

Der römische Kaiser Karl V. sagt in dem Schutzbriefe, den er der Judengemeinde zu Friedberg gab, Folgendes: „Und nachdem auch die Juden und Jüdin des mehren Theils in allen des Reichs Anlagen und Hülfen mit Laib Hab und Gut um ein viel höheres dann die Christen belegt und angeschlagen werden, und aber darneben weder liegende Güter noch andere staatliche Handirungen, Aemter oder Handwerk bei den Christen haben oder treiben, dervon sie solche Auflagen erstatten und ihre Nahrung bekommen, außerhalb des so sie von ihren Paarschaften zu Wege bringen, so lassen wir zu und gönnen denenselben Juden und Jüdin, daß sie herwiederum in gleichen und nach Maß und Gestalt ihrer Anlagen, damit sie also, wie obstehet angehalten und belegt werden, ihre Paarschaften und Zins und sonst zu ihrem Nutzen und Nothdurft um so viel desto höher und etwas weiteres und mehreres dann den Christen zugelassen ist, anlegen und wenden, und ihnen solches geduldet werden möge."

Im übrigen wachte der deutsche Kaiser über seine alleruntertänigsten Kammerknechte; höchstens daß er sie zuweilen verpfändete, oder auch verschenkte.

Wenn sie sich nun vollgesogen, da war es der gnädige Landesherr, der sie unter irgend einem Vorwande, oder auch ganz ohne Vorwand, wie Schwämme ausdrückte; von Zeit zu Zeit erschien auch, wenn man den Adel brauchte, oder gefällig stimmen wollte, ein kleines Edict, das alle in jüdischen Händen sich befindenden Wechsel der Edelleute annullirte.

Die Kirche war ihrerseits auch nicht müßig, und was sie nicht durch direkte Beschlüsse erreichen konnte, suchte sie auf indirekten Wegen zu ermöglichen; so erzählte man grausige Geschichten, wie die Juden Hostien geschändet, Heiligenbilder durchstochen, Monstranzen entweihet, Christenkinder geschlachtet, Brunnen vergiftet, und was noch Alles der Fanatismus erfinden konnte — und bald wüthete der blutige Haß durch die Länder, breitete sich epidemisch über alle Völker aus, Jammer, Gräuel und Entsetzen, wie sie die Geschichte noch nicht gekannt, verfolgte die Unglücklichen, — gejagt wie das Raubthier, fielen sie zu Tausenden*) und der Ueberrest konnte nur für schweres Geld von Fürsten und Bischöfen ein Asyl für ihre unglückliche Existenz erkaufen. Zum Ueberfluß mußten sie noch eine auszeichnende Farbe an ihren Kleidern tragen, um sie der frommen Verfolgung der Gläubigen, oder wenigstens dem Spotte der Kinder recht kenntlich zu machen.

So wurde denn dieses Volk dahin gebracht, wo man es haben wollte, aus dem Kreis der Menschheit hinausgestoßen, so hatte man keine Gewissensscrupel zu überwinden, wenn man es unmenschlich behandelte, wenn man endlich so weit ging, diese Behandlung als von Gott gewollt zu erklären.

Was Wunder, wenn das Rechtsgefühl in den Armen lahm gelegt wurde, daß auch das Ehrgefühl in ihnen verstummte!

Was Wunder, wenn nun die Juden aller Menschenrechte beraubt, ihrerseits sich auch aller Pflichten gegen ihre Peiniger überhoben glaubten, und da sie nicht Macht gegen Macht auftreten konnten, mit jener Schlauheit, die die Verfolgung bei Mensch und Thier erweckt, zurückgaben, was die Rohheit ihnen geboten, mit List löffelweise zurücknahmen, was man mit Gewalt schäffelweise ihnen geraubt.

Nachdem nun dieser unselige Zustand durch Jahrhunderte sich fortgepflanzt, setzten sich seine Urheber auf den sittlichen Richterstuhl, und riefen die Opfer der Gewalt vor ihr Tribunal, indem sie ihr eigenes

---

*) „La garde meurt mais ne se rend pas" ist als fliegendes Wort über Länder und Welttheile, von Pol zu Pol gezogen. Was will aber ein Wort im Stolze todesfreudiger Begeisterung, mitten unter dem berauschenden Pulverdampf, unter donnernden Kanonen, von einer an Blut und Tod gewöhnten auserlesenen Heldenschaar, die den Lorbeer des unsterblichen Ruhmes sich winken sah, bedeuten gegen den stillen Todesmuth einer ganzen Nation, von Männern, Frauen, Greisen, Kindern, die sich unbeachtet durch Jahrhunderte dem qualvollen Martertode weihten!

Unrecht den Juden aufbürdeten, und die von ihnen systematisch gezüchtete Niedrigkeit der Gesinnung als Nationalcharacter der Unterdrückten bezeichneten und — verdammten.

So ist in dem westlichen Europa der Judenhaß entstanden.

Kommen wir nun, nachdem wir die allgemeinen Verhältnisse der Juden in Europa in raschen Zügen angedeutet, auf unsere Frage zurück, so stellt sich als geschichtliche Thatsache heraus, daß, als die Finsterniß des Mittelalters von den Scheiterhaufen der Inquisition grell durchleuchtet wurde, als Europa vom Blute der Juden dampfte, der russische Boden rein und heilig blieb. Rußland liebte die Juden nicht, verfolgte sie noch weniger, es schützte seine Gäste, und duldete ihre Religionsübung, und niemals ist der blutige Fanatismus über die Grenzen Rußlands gezogen, niemals ward die russische Geschichte von einer Judenverfolgung beschmutzt.

Nun wird man uns freilich an die Zeiten Naliveiko's (1602) und des Hetmanns Pawljuk (1639), ganz besonders aber an die wilde Verfolgung Chmelnitzki's erinnern (1648/59) — diese aber waren nicht von den Russen veranlaßt, sondern von Saporoßtchis, jenen zügellosen Banden, die nur von Raub und Plünderung lebten, aber im Charakter ganz verschieden von den Großrussen waren, und überhaupt damals noch gar nicht zu Rußland gehörten; und selbst dieser wilde Volksstamm verfolgte die Juden nicht als Juden, sondern als Werkzeuge ihrer blutigen Feinde der Katholiken, d. h. der Polen. Die Juden waren nämlich damals der verlorene Posten, den die Jesuiten, diese thätigen Pioniere des römischen Katholicismus, in das Terrain der griechisch-katholischen Kirche vorgeschoben; den Juden wurden die Steuern, die Abgaben, ja sogar die Kirchen in Pacht gegeben, sie sollten die Kosaken an politisch-administrative Botmäßigkeit unter Polen gewöhnen, und besonders sollte durch die Entrichtung der Stolgebühren an sie das griechische Religionsbewußtsein gedemüthigt und erschüttert werden.

Das Spiel war ein doppeltes, und ziemlich gut angelegt: ließen die Kosaken diese Erniedrigung sich gefallen, so war ihr Unabhängigkeitsgefühl gebrochen, ihr religiöses Bewußtsein geschwächt, und man hatte nur mit der halben Widerstandskraft zu thun; empörten sie sich gegen diese Schmach, so waren zunächst nur die Juden das Opfer, und der erweckte Fanatismus stellte eine lange Kette von Verwidlungen und innern Kämpfen in Aussicht, Verhältnisse, bei denen immer etwas zu machen war; besonders da man der Juden sicher sein konnte, welche ihrerseits durch ihre geschäftlichen Verbindungen einen weit ausgedehnten, und ziemlich hoch hinaufreichenden Einfluß hatten.

Freilich irrten die klugen Väter diesmal in ihrer Berechnung, die Juden waren die ersten Opfer, sie selber aber die zweiten. Die blutige Schuld war blutig gesühnt und — vergessen.

Polen wurde endlich erobert, die Juden gingen in Pausch und Bogen mit in russische Botmäßigkeit über, sie hüteten sich wohlweislich alte Erinnerungen zu erwecken, und so lebten sie dahin, nicht geliebt, nicht gehaßt — unbeachtet von Geschlecht zu Geschlecht, vom Leben getragen, wie es die Strömung eben mitbrachte.

Selbst der scharfe Blick Peters des Großen, dem doch nicht so leicht ein Material entging, das er für seine weitaussehenden Pläne verwenden konnte, drang nicht so tief hinab in die Niederungen des Lebens, wo der jüdische Stamm gelagert. — Es mochte wohl dem riesigen Elementargeiste widerstehen, sich dieses von der Geschichte abgelegten Materials zu bedienen, selbst wenn er seine Verwendbarkeit erkannte.

Wie groß und unabhängig die Kaiserin Katharina ins Leben hineingriff, wie vorurtheilsfrei ihr Geist — ihr Herz war weich; sie konnte die Juden nicht leiden, aber sie weiter verfolgen mochte sie nicht.

Nur einmal warf sie sie in einem Ukas vom 20. Juli 1768 — mit den Polen zusammen, und verurtheilte beide zur Vernichtung, ein Ukas, der sich übrigens erfüllt glaubte, als ein großer Theil Polens dem russischen Staate einverleibt wurde.

Alexander I. war zu sehr von den hochgehenden Wogen seiner Zeit mitgezogen, als daß er für ein so verschwindendes Element seines Staates einen Blick haben konnte, doch war es seine edle Seele, die gerührt von den so oft sich wiederholenden Blutprozessen gegen die Juden, die immer nur Beschuldigung, aber nie Schuld erwiesen, am 6. März 1817 durch einen Ukas verboten, solchen Anklagen für die Zukunft mehr Glauben zu schenken.

Kaiser Nikolaus sah das physisch verkommene Geschlecht seiner Juden, er zog sie zum Militärdienst heran, versetzte sie in den Boden, wo Männer stramm und straff erzogen werden, wo das Bewußtsein, des Kaisers Rock zu tragen, auch den Kopf hoch tragen lehrt.

Er sah ein geistig verfinstertes Geschlecht, und er errichtete ihnen

Schulen, die sie mit den Erfordernissen des Lebens bekannt machen, die ihnen die Augen öffnen, und sie lehren sollten, daß jenseits ihres Horizonts noch eine Welt existirt. Er sah ihre bürgerlich gezeichnete Stellung, und er nahm ihnen die besonderen Merkmale der Haartracht und Kleidung.

Die Kurzsichtigkeit sah in den betreffenden Ukasen ein Unglück, und es traf sie wirklich schwer; die Scheere, die ihnen die Peios ganz, und den Kaftan halb abschnitt, schnitt ihnen ins Fleisch, der Schulunterricht schien ihnen ihre Heiligthümer zu gefährden.

Die Gegenwart sieht die Sache mit anderen Augen an, sie hält sich an den Erfolg; und gerade was damals am schmerzlichsten empfunden worden, zeigt sich heute in seiner wohlthätigen Wirkung.

Auch der Sturm verwüstet Feld und Au, reißt Blüthen ab und Früchte, aber er reinigt die Luft, und erweckt die schlummernden Kräfte der Natur, er ist ausgesendet von dem, „der die Winde macht zu seinen Boten, zu seinen Dienern flammendes Feuer."

Ja wenn wir sehen, daß die ausgesprochenen Judenfeinde in den civilisirten Staaten par excellence uns so gerne aus den Reihen des Militärs, unsere Jugend aus den Schulen entfernen, alles specifisch Jüdische uns wieder oktroyiren möchten, um den Uebergang zum Mittelalter und seiner lieben Finsterniß anzubahnen, so müssen wir den Scharfblick des Kaisers nicht nur bewundern, sondern sein Wohlwollen dankend anerkennen, das mit einem Federzug dem Mittelalter eine Grenze gezogen, frisches Leben in die alte Stagnation gebracht hat.

Und wenn der Romantiker sagt, Titanen erklären ihre Handlungsweise nicht, kümmern sich noch weniger um die Wehen, die ihr mächtiger Wille durch die Wandlungen des Lebens nothwendig hervorbringt, — und wenn der Kritiker meint, daß die Pflugschar der Reform tief den alten Boden aufreißen, die neue Erdschicht bloßlegen muß, um sie für die Aussaat der Zukunft urbar zu machen, so bescheiden wir uns mit den Worten des Weisen: „Wie Wasserbäche sind die Herzen der Könige in Gottes Hand, er lenkt sie wohin er will." Spr. Sal. Kap. 21 V. 1.

Eins steht fest, wie schwer des Kaisers Hand auf den Juden geruht, sie fühlten sich sicher und geschützt unter ihr.

Was wir dem edlen Kaiser Alexander dem Befreier verdanken, wie die Strahlen, die von seiner sonnigen Seele über sein ganzes Reich ausgegangen, auch uns erwärmten, dafür sprach der allgemeine Schmerz und die tiefe Trauer ganz Israels, als der Mord sich an sein theures Leben wagte.

Seine Majestät unser glorreicher Herr und Kaiser, den Gott nun auf den Thron seines verklärten Vaters berufen, ist der Hort, auf den wir unsere Zukunft bauen. Es war sein erhabenes Wort, daß er im Geiste seines in Gott ruhenden Vaters herrschen, die angebahnten Wege des Vaters fortwandeln, die Gedanken des Vaters zur Vollendung bringen wolle, das wie der belebende Lichtstrahl die düstere Trauer Rußlands durchleuchtete.

Es ist außerdem noch eine Verheißung, ausgegangen von seinem Throne, die unser Anker ist in sturmbewegter Zeit, die Verheißung lautete, daß alle seine treuen Unterthanen **gleich** seien vor seinem Throne — und es würde an Blasphemie grenzen, auch nur mit dem leisesten Zweifel diese Verheißung zu entweihen — des Zaren Wort ist unser Anker, uns schreckt nicht Sturm, nicht Welle.

Die russische Staatskirche ist zu selbstbewußt in ihrer Souveränetät, ihre hochwürdigen Fürsten denken zu fromm, um die ihr so fern liegende Glaubensgemeinschaft mit anderen Blicken, als denen der Milde und Duldung zu betrachten.

Ja das Verhalten der hohen geistlichen Würdenträger in den jüngsten Tagen, die reinen erhabenen Lehren, die sie verkündeten in begeisterten Worten, zeigen, daß die griechisch-katholische Kirche für die universellste Liebe und Humanität zur r e c h t e n Zeit das r e c h t e Wort zu finden weiß.

Der Adel als Gutsbesitzer braucht die Dienste der Juden und kennt ihre Tüchtigkeit und Zuverlässigkeit; der Adel als Träger von Schild und Wappen ist wohl zu stolz, um den Juden zu hassen.

Der russische Volksstamm ist, wie oben gesagt, von Natur zu harmlos und vertrauend, zu bieder und herzensgut, als daß er gegen Menschen, die nachbarlich mit ihm zusammen wohnen, freundschaftlich mit ihm verkehren, die Freud und Leid mit ihm theilen, ihm helfen, und sich von ihm helfen lassen, feindlich gestimmt sein könnte, seine Thaten können irre geleitet, sein Charakter aber nicht gefälscht werden.

Wir sehen also, daß alle gesunden Elemente Rußlands weit entfernt sind von jenem Hasse gegen uns, von dem man in gewissen Zeitungen deklamirt, und Niemand dürfte vielleicht mehr überrascht sein, als die armen Werkzeuge der Zerstörung, wenn man ihnen sagen würde, daß sie im Geiste des russischen Volkshasses gegen die Juden vorgegangen.

Wie weit nun Rußland vom wirklichen, thatbereiten Judenhasse ist, so dürfen wir doch nicht verkennen, daß die Dünste des Mittelalters, die im westlichen Europa sich gesammelt, auch über unsere Grenze gezogen; allerdings hat dort das Licht der Bildung, die Sonne der Humanität, wohl auch die schlagenden Wetter der Geschichte die Nebel zerstreut, während hier sie noch die Luft verdüstern, und die schlechte Presse sammelt sie sorgfältig, um eine dichte wetterschwere Wolke aus ihnen zu bilden.

Ob sie auch die Winde berechnet, welche die Wolke treiben und sie bersten machen! Ob sie Grad und Maß, und Zeit und Ziel des Gewitters berechnet haben mag!

Was aber ist die schlechte Presse, und warum nimmt sie diese gehässige Richtung?

Bevor wir auf diese Frage antworten können, müssen wir erst feststellen, was die Presse überhaupt ist.

Die Presse ist jenes Institut, welches die Resultate der Menschheitsarbeit, ihre Entwickelung im Allgemeinen, und besonders die Erfolge auf geistigem Gebiete erfaßt, sicher stellt, und den kommenden Geschlechtern als Errungenschaft der Vergangenheit und Gegenwart treu übergibt.

Dies ist die wissenschaftliche Presse. Ihr schließt sich eine Schwester an, die weniger imposant in ihrer Erscheinung, aber nicht weniger wichtig in dem großen Menschheitshaushalte, es ist dies die Volkspresse, welche alles Nützliche und Wissenswerthe verallgemeinert, und in leicht faßlicher Weise denjenigen zugänglich macht, die weder die Zeit, noch die Mittel, noch den Beruf haben, das reiche, ihnen fremde Material auf den verschiedenen Gebieten des Lebens zu sammeln.

Arbeiten jene für die Zeit, so ist es eine dritte Schwester, die mehr für den Raum thätig ist, es ist dies nämlich die Zeitungspresse, die die Aufgabe hat, nach allen Weltgegenden zu tragen, was da und dort Wichtiges passirt ist, die Interessen der Völker zu vermitteln, ihr Verständniß zu klären, ihre Aufmerksamkeit zu erwecken auf ihre Stellung, ihre Wohlfahrt, und auch sie vorzubereiten, daß es bei aller Wichtigkeit der Nationalinteressen noch ein Höheres gibt, in welchem alle Nationalitäten sich vereinigen müssen, das ist die Menschheitsidee.

Nun aber hat sich eine spät geborene vierte Schwester ihnen angeschlossen, oder vielmehr hat ein Wechselbalg sich an sie hingedrängt, mit der Prätension ein legitimes Kind zu sein, es ist dies die schlechte

Presse. Und wenn man fragt, was diese eigentlich ist, so antworten wir: Das ist die Fälschung der Wissenschaft, die Fälschung der Wahrheit, die Fälschung des Lebens — und diese Fälschung hat im Gegensatz zur gewöhnlichen Fälschung die Stirne, öffentlich ihr Handwerk zu treiben; ihre Arbeiter sind in der Regel Menschen von schwacher Erziehung, von halbem Wissen und ganzen Leidenschaften, Menschen, die entweder nicht den Muth, oder nicht die Ausdauer, oder vielleicht auch nicht die Mittel hatten, ein fertiges abgerundetes Studium zu vollenden, doch aber gerne der Armee der geistigen Arbeiter sich anschließen möchten, sich damit begnügen, dieser als Marodeurs zu folgen, Lärm zu machen, Staub aufzuwühlen, und um jeden Preis die Aufmerksamkeit auf sich ziehen wollen, was am leichtesten zu erreichen, wenn man auf die niederen Volksleidenschaften spekulirt.

Sind aber auch zuweilen Menschen von düsteren Leidenschaften, bei denen die sogenannte geistige Thätigkeit nur der Deckmantel für sehr ungeistige Wünsche und Bedürfnisse ist — sind aber auch zuweilen Menschen von guten Intentionen, aber von verkehrter Lebensanschauung, deren Geist sich selbst überstürzend in seinem eigenen Lärm sich berauscht, und nach rechts und links ausschlagend niedertritt, was ihm im Wege steht; Fanatiker der geistreichen Einseitigkeit, die eine Welt in Brand stecken, um ihren Stern anzuzünden, und wenn sich auch herausstellen sollte, daß dieser Stern nur eine Sternschnuppe ist.

Und diese schlechte Presse, die merkt, daß man ihr, wenn sie zu weit ausgreift, auf die Finger klopft, hat sich jetzt mit rührender Eintracht auf uns geworfen, die wir einen allerdings leicht zugänglichen Tummelplatz und ergiebiges Jagdrevier bilden, sie hält sich an das horazische „utile dulci".

Ihre erste Anklage plänkelt auf biblischem Boden, sie lautet: Wie kommt es, daß die Juden, die nach der heiligen Schrift ein ackerbauendes Volk waren, jetzt keinen Sinn mehr haben für das Landleben und festen Besitz?

Wir antworten: Wahr! dieser Sinn ist uns schon längst verloren gegangen, wahrscheinlich aus dem Grunde, weil wir Jahrhunderte lang nicht sicher waren, zwischen heute und morgen von unserm Besitze, von Haus und Hof gejagt zu werden: da mußten wir denn unser Vermögen ebenso beweglich halten, als unsere Existenz bewegt war. Du lieber Gott! man will doch sein bischen Eigenthum behalten, das man so nothwendig hat für sich und manchmal für — Andere.

Die zweite Anklage lautet, daß die Juden die Beschäftigung mit Ackerbau und Handwerk, überhaupt jede schwere Arbeit meiden, und sich ausschließlich dem Handel zuwenden.

Wir wollen uns hier nicht darüber aussprechen, daß eigentlich jeder Mensch das Recht hat, nach freiem Willen und nach Maßgeb seiner Kräfte und Verhältnisse seine Lebensthätigkeit zu bestimmen, vorausgesetzt, daß er damit weder gegen die Sittlichkeit, noch gegen das Recht verstößt — sondern auf die Anklage selbst, welche die Arbeitsscheue als im Nationalcharakter der Juden liegend bezeichnet, eingehen und die ursprüngliche, dem innersten Bewußtsein entstammende Anschauung der Juden, und ihr Verhältniß zur Arbeit im allgemeinen, und zum Ackerbau insbesondere zeigen.

Das religiöse, das staatliche und das Familienleben unseres Volkes war auf Arbeit, und besonders auf Ackerbau gegründet. Der Jude sollte sein Leben und die Erhaltung seines Lebens aus der Hand Gottes, d. h. aus dem Erdboden empfangen; sein Getreide, Wein, Oel und Obst war der Segen Gottes, der Lohn für seine Frömmigkeit, wie es heißt: „Wenn ihr in meinen Gesetzen wandelt und meine Gebote beobachtet, so werde ich geben meinen Regen zur rechten Zeit, und du wirst einsammeln dein Getreide, deinen Most und dein Oel". S. III. B. M. 26. 3.

Sabbath und Feiertage waren nächst den historischen Motiven auf den Landbau gestützt, als Tage des Herrn feierten sie das Naturleben und seine Gaben.

Im siebenten Jahr mußte der Boden Sabbath halten, d. h. ruhen. Der große Gesetzgeber erkannte die Nothwendigkeit, auch die Kraft des Bodens nicht mehr anzustrengen, als nach dem ihm innewohnenden Maße der Leistungsfähigkeit; sein scharfer Blick beugte damit der Raubwirthschaft vor. S. III. B. M. 25. 1.

Das Land war im Verhältniß der Personenzahl zwischen den Stämmen vertheilt, jeder sollte sein Lebensbedürfniß darauf finden; darum konnte auch niemand sein Landeigenthum für immer verkaufen; im Jubeljahr kehrte der Boden zu seinem alten Eigenthümer zurück. S. III. B. M. 25. 15 ꝛc.

Die Armen waren stetig bedacht, ihnen gehörte die Nachlese von Feld und Garten, die Ecke, das Vergessene, das Verlorene.

Der Geist des Gesetzes drang so tief in das Landleben ein, daß er die Aussaat von Pflanzen verschiedener Wurzelgetriebe auf ein Feld verbot, damit die schwächere nicht verkümmere durch die stärkere. Aus dem praktischen Leben sind uns wenig Bilder geblieben. Schön und voll, gesättigt von reicher Naturfülle ist das Bild, das wir in dem Buche Ruth sehen, wo wir dem Patrizier Boas auf dem Felde begegnen zur Zeit der Gerstenernte. „Gott mit euch" grüßte er seine Sklaven — „Gott segne dich" antworten diese. Hier treffen wir auch Ruth, die Stammmutter des königlichen Geschlechtes David als arme Aehrensammlerin.

Der erste König Israels war ein schlichter Bauernprinz, d. h. der stattliche Sohn eines wohlhabenden Landmannes, er suchte die verlorene Eselin seines Vaters, und fand — eine Krone.

David, der glorreiche Gründer der Dynastie von Juda, ward von der Herde weggerufen, um gesalbt zu werden, und die ersten Motive jener herrlichen Psalmen, deren mächtige Töne heute noch andachterweckend, seelenerhebend durch alle Gotteshäuser rauschen — spielte er wohl auf einer Schalmei. Noch später singt der Psalmist: „So du von deiner Hände Arbeit dich ernährst, heil dir, dir wird gut sein". Psalm 128. 2.

Salomon der Weise spricht: „Am Felde eines trägen Menschen ging ich vorüber, und am Weinberge eines Thoren. Und siehe da, er war ganz aufgegangen in Nesseln, die Fläche mit Disteln bedeckt, und die Steinmauer war niedergerissen". Sprüche 24. 31.

Das Frauenleben war auf häusliche Thätigkeit angewiesen, auf Webstuhl, Spindel und Rocken. Sprüche Kap. 31.

Noch mehr, die Verfassung Israels, d. h. seine Religion und sein Gesetz haben die Arbeit und besonders den Ackerbau zu einer würdigen Beschäftigung erhoben. Während alle Völker des Alterthums ihn als des freien Mannes unwürdig den Sklaven überließen, ja während spätere Völker, die heute Kulturträger der Menschheit sind, ihre Frauen vor den Pflug anspannten, bearbeitete der jüdische Mann selbst sein Feld, theilte die Arbeit, aber auch die Ruhe mit seinen Sklaven, mit jenen Unglücklichen, die bei den hochcivilisirten Griechen und Römern gleich dem Vieh geachtet und behandelt wurden, wie es heißt: „Damit ruhe dein Sklave und deine Sklavin wie du". S. V. B. M. Kap. 5. 14.

Wir sehen somit, daß der Ackerbau auch ein humanistisches Element im Leben der Juden war. Die Menschen, die zusammen arbeiteten, sollten auch zusammen ruhen, die Menschen, die dem Boden seine Gabe zusammen abgewonnen, sollten sie auch zusammen genießen, und so ward der Familienkreis dem Sklaven geöffnet, und an den Gott geweihten Festtagen sollte Sklave und Sklavin Antheil nehmen an der Festfreude, wie es heißt: „Und du sollst dich freuen an deinem Feste, du und dein Sohn und deine Tochter, und dein Sklave und deine Sklavin". S. V. B. M. Cap. 16. 14.

Sehen wir nun das Verhältniß des Landbaues im alten Israel als ein ursprüngliches, auf das die allgemeinsten und die besondersten Lebensbeziehungen gegründet waren, so finden wir den Handel als ein dem Leben beinahe ganz fremdes Element, indem zunächst alle Bedürfnisse, aber auch nicht mehr, von dem eigenen Boden gewonnen wurden, dann aber ganz besonders deshalb, weil das Volk in keine Berührung mit den Fremden, zumal mit den benachbarten Phöniziern, die den Handel in Händen aber auch einen sehr verlockenden Götzencultus hatten, kommen sollte.

Der Händler war gewissermaßen verachtet, weil er in den Augen der Juden selbstverständlich ein Betrüger war. Phönizier, Händler und Betrüger werden mit einem Worte: Kanani bezeichnet. So spricht der Prophet: „Der Händler hält die Wage des Betruges in der Hand, er liebt zu übervortheilen". S. Hosea 12. 8. Die Hoffnung der messianischen Zeit war, daß „einst der Tag kommen werde, wo kein Händler mehr im Hause Gottes sein würde". S. Sacharia 14. 21. Vergleiche Math. 21. 12. „Und Jesus ging zum Tempel Gottes hinein, und trieb heraus alle Verkäufer und Käufer im Tempel und stieß um der Wechsler Tische und die Stühle der Taubenverkäufer".

Dies war das Verhältniß der biblischen Zeit.

Nach der Zerstörung Jeruschalaims mußte dies Alles sich freilich ändern, römische Legionen stampften mit übermüthigen Tritten den gesegneten Boden des heiligen Landes, und seine Herren mußten wandern unstät und flüchtig von Land zu Land.

Hier nun konnte von Ackerbau und festem Besitz, überhaupt von einer freien Wahl der Thätigkeit nicht mehr die Rede sein; es galt das Leben zu gewinnen und zu fristen, wie immer möglich; doch wenn wir die maßgebenden Lehr- und Lebenssätze betrachten, die die Rabbinen damals aufgestellt, so war es die Arbeit, und hauptsächlich das Handwerk, von dem man das tägliche Brod sich erworben, wir lesen:

1. „Es ist eine große Sache um die Arbeit, sie ehrt diejenigen, welche sich ihr hingeben". Nedarim fol. 49 b.

2. „Verpflichtet ist ein Vater seinen Sohn ein Handwerk lernen

zu lassen, denn wenn er ihn kein Handwerk lernen läßt, ist es so gut als ob er ihn das Räuberhandwerk lernen ließe". Kibbuschin fol. 29 a.

3. „Liebe die Arbeit und hasse die Vornehmthuerei". Aboth 1. 10.

4. „Das Gesetzesstudium ohne Arbeit ist zwecklos". Aboth 2. 2.

5. „Besser ist der, so sich ernähret von seiner Hände Arbeit, als der fromme Müßiggänger". Berarhoth 8 a.

Darum finden wir, daß Hillel Wasserträger, R. Josua Köhler, R. Jose I. Faßbinder, R. Jose II. Gerber, R. Jochanan Schuster, R. Jizchak Schmid, R. Schescheth Zimmermann, R. Nehemia Töpfer war etc. Thalm. Sukka 51 b.

Wenn dies nun anders geworden, und so traurig anders geworden ist, so stellt sich uns die Frage auf: was konnte die gesetzestreuen Juden dahin bringen, daß sie gegen Bibel und Thalmud, gegen Religion und Sitte ihre Lebensweise veränderten? Welches war die Macht, die sie zu der verpönten Geldmacherei verdammte, zur Anhäufung von Schätzen zwang, die die Bibel selbst jüdischen Königen verboten hatte. S. V. B. M. 17. 17 — welche ferner die Rabbinen als nichtige, zwecklose Selbstquälerei bezeichneten, mit den Worten: „viele Güter, viele Sorgen". S. Aboth 2. 7.

Die Geschichte antwortet: „Dies war die Macht des Hasses, welcher sie ruhelos verfolgte, die ihnen nicht Rast, nicht Frieden gönnte, nicht sicheren Aufenthalt und noch weniger ungestörten Besitz, und wo er ihnen für schweres Gold das elende Leben zu fristen gestattete, sie erniedrigte und zur verächtlichen Thätigkeit des Trödels und des Wuchers zwang, ja noch mehr, sie dazu zwang, um sie dadurch dem Volke zum Gegenstand des Hasses zu machen, während die Herren ihres Schicksals sie gleich Blutegeln am Volkskörper sich vollsaugen ließen, um im geeigneten Momente sie auszudrücken.

Und nun richtet man uns für die Entehrung, die man an uns begangen, nun verdammt man uns für die Verbrechen, zu denen man uns gezwungen, nun straft man uns für die Flecken, die man unserem Volkscharakter eingeäzt, ohne zu bedenken, daß die sorgfältigste Mühe in Decennien den Rost nicht entfernen kann, der durch Jahrhunderte in den edelsten Volksstahl sich eingefressen hat.

Uebrigens darf man nur die Augen öffnen, um zu sehen, daß es schon jetzt Tausende gibt, die den Landbau treiben, und nicht nur Schneider, Schuster, Mützenmacher, Buchbinder und Goldarbeiter, sondern

Schwarzarbeiter, Wasser- und Lastträger, Schlosser, Tischler, Steinklopfer und Getreideträger, Kutscher, Schmiede, Klempner, Holzhauer, Kaminfeger, Zimmerleute ꝛc. sind.

Wenn aber nicht geleugnet werden kann und auch nicht soll, daß die Juden noch mit einer gewissen Vorliebe sich dem Handel zuwenden, so sehen wir nicht ein, wie dadurch das allgemeine Wohl geschädigt werden könne, da der Handel doch eine Lebensbedingung des Staates ist, indem er durch Ex- und Import die Staatskräfte in Cirkulation setzt, auch der Kleinhandel eine gesellschaftliche Nothwendigkeit ist und Steuern abwirft.

Was die Schädigung des Privatrechts betrifft, so ist diese schwer zu begreifen, indem Jedermann das Recht hat, auf ein proponirtes Geschäft einzugehen oder nicht, zu kaufen und zu verkaufen nach freiem Willen, endlich ihm die Concurrenz alle Möglichkeit der freien Wahl bietet.

Ja, entgegnet man, der Handel, der solide, der mag noch angehen, aber die Exploitation! . . . . .

Wir sind jetzt bei dem Hauptpunkte angekommen, hier haben wir den Knoten vor uns, an dem die Gegenwart herumtastet, ohne daß sie weiß, wie ihn zu lösen, ob behutsam und friedlich oder mit dem Kraftmittel Alexanders.

Also Exploitation, so heißt das Gespenst, mit dem man nach zwei Richtungen Angst und Schrecken verbreiten will.

Wenn wir im voraus auf manchem Gebiete des Lebens den Mißbrauch der Verhältnisse seitens einzelner Juden zugeben, bedauern, und die gesetzliche Bestrafung für sie wünschen, so können wir unsere moralische Entrüstung nicht unterdrücken, wenn wir die Schelmereien des Einzelnen zu Nationalsünden aufgebauscht sehen, wenn wir sehen, wie schlicht und trocken der Mißgriff Iwans berichtet, wie tendenziös scharf Moschko's Verbrechen als das Verbrechen des Juden hingestellt wird. Und nun gar das allgemeine Exploitationsgejammer, das an sich eine Unwahrheit, ein Gespenst ist. Fürchtet man in der That das Gespenst oder heuchelt man nur die Furcht, weil sie verwendbar für Repressalien ist?

Dem sei aber, wie ihm wolle, exploitirt dieser oder jener Jude, so treffe ihn der Bann der Gesellschaft, event. der Arm des Gesetzes. — Was soll aber die Solidarität? Oder exploitirt Herr Moschko vielleicht für das famose Zwillingsgespenst, für den „Kahal"?

Ich habe seit manchem Jahrzent die Menschen und ihre Bestrebungen, ihre Entwicklung und ihre Fortschritte verfolgt, aber auch die Täuschungen und Irrthümer, die sich an die Menschen angehängt, habe ich beobachtet, wie sie entstanden, sich verbreitet und gewirkt haben.

Wie leicht, rasch und allgemein der Wahn sich verbreitet, fand ich doch immer einzelne Menschenoasen, wohin die Erkenntniß sich geflüchtet, in denen die Wahrheit ein Asyl gefunden.

Die Wahngebilde aber, welche die Juden betreffen, sind so zum allgemeinen Glaubensartikel geworden, daß man lange nach einem Geiste suchen darf, der sich von dieser Vergewaltigung des gesunden Urtheils frei zu halten vermocht hätte.

Ich habe mit ernsten Denkern, mit redlichen Charakteren, mit edlen Menschenfreunden über diese Fragen gesprochen und fand trotz der sonstigen Freiheit und Reinheit ihres Denkens hier eine bis zur Ueberzeugung gesteigerte Voreingenommenheit, die sie zuweilen mit einer gewissen Wehmuth aufrecht hielten, so daß ich mich an der Stirne faßte, und mich frug, ist der Irrthum auf deiner Seite oder irren diese wackern Männer? Ist es ein Zauber, dem ihr Urtheil unterliegt? Ich habe mir wahrlich die objectivste Betrachtung zur Pflicht gemacht, fand endlich daß der Irrthum dort, daß es aber kein Zauber war, der ihr freies Denken gebannt, und es offenbarte sich mir, daß, wie es im leiblichen Leben Epidemien gibt, denen der kräftigste Organismus unterworfen, so es auch im geistigen Leben gewisse Epidemien gibt, denen selbst das gesundeste Gehirn sich nicht entziehen kann. Freilich eine gewisse Disposition ist hier wie dort nothwendig, und ich habe gefunden, wenn Kopf und Herz noch so stark, so ist immer doch eine gewisse Empfänglichkeit vorhanden, die sich von der Erziehung herschreibt und die ganz ohne unser Wissen im Stillen vorbereitet und wirkt.

O es gibt Ketten, die wir unbewußt mit uns schleppen, wenn wir noch so frei uns wähnen; sie klirren nicht, sind nicht von Eisen, aber sie binden unsichtbar und um so fester.

Kommen wir übrigens zur Sache. Bei der Exploitation muß nothwendig Einer exploitiren und Einer oder mehrere exploitirt werden; die active Person in dieser edlen Thätigkeit ist natürlich der Jude, die passive aber ebenso natürlich der Christ.

Nun sehen wir uns die beiden Persönlichkeiten und ihr Verhältniß an: der russische Gutsbesitzer ist von alten Zeiten her an unbezahlte Arbeitsleistung gewohnt, sein leicht erworbenes Vermögen vergeudete er in der Regel im Auslande, kam ziemlich belehrt und geleert nach Hause, um nach einigen patriarchalisch verlebten Jahren seine alten Studien in Paris oder Monaco wieder aufzunehmen, dies ging gut oder schlecht, aber es ging.

Jetzt aber, wo die Arbeit bezahlt werden muß, fehlt es ihm zuweilen an baarem Gelde. Der Jude streckt ihm gegen die Ueberlassung der zukünftigen Ernte das Geld vor, und durch dieses Geld allein wird die gegenwärtige Aussaat und die zukünftige Ernte ermöglicht. Wir sehen also, ohne dieses Geld würde das Land nicht bestellt und der Gutsbesitzer wäre ruinirt, mit dem Gelde des Juden aber bleibt der Gutsbesitzer im Besitze und kann bei einigen guten Jahren und nota bene bei einiger Sparsamkeit zur Selbständigkeit kommen — ergo exploitirt der Jude den Gutsbesitzer.

Durch die Aufhebung der Leibeigenschaft, resp. durch die Ablösung des Landes ist der Jwan zu einigem Besitz gekommen — nun hat er wohl Boden, dieser will aber, um etwas werth zu sein, d. h. um etwas zu bringen, bebaut werden, dazu braucht man Aussaat, Vieh und Geräthe, dieses kostet Geld — Geld aber ist gerade dasjenige, was der Jwan nicht hat, folglich hat er kein Geräthe, kein Vieh, keine Saaten, folglich kann er seinen Acker nicht bestellen, folglich kann der Acker nichts bringen, folglich ist der Acker nichts werth, und der Jwan ist mit seiner Freiheit und seinem Besitze ein geschlagener Mann.

Wer wird nun dem Jwan das nöthige Geld geben? sein Freund nicht, sein Nachbar nicht, denn sie sind in derselben Lage wie er. Diese können nicht, Andere wollen nicht, öffentliche Krebitanstalten für den Bauernstand gibt es nicht. — Da kommt der Jude, jene fürchterliche Exploitationsmaschine, er streckt dem Bauern das Geld vor (natürlich gegen die kommende Ernte, die übrigens noch fraglich ist), und die ganze Schwierigkeit ist gelöst.

Nun glauben wir gar nicht, und wollen auch nicht glauben machen, daß dies der Jude aus reiner Humanität oder gar aus der sogenannten „jüdischen Liebe" thut. Moschko versteht zu rechnen und vergißt seinen Vortheil nicht; aber ohne Moschko's Rechenfertigkeit wäre Freund Jwan ein geschlagener Mann und träte bald in die Bande der Barfüßler ein und würde eventuell Moschko die Fenster einschlagen (ein zwar lockendes Geschäft, das aber schließlich auch keinen großen Nutzen abwirft); mit Moschko's Rechenfertigkeit, d. h. mit Moschko's Geld (nota bene und einiger Mäßigkeit dazu) kann er ein wohlhabender Mann werden. Inmitten der ganzen Welt und ihrer Liebe würde der Jwan zu Grunde gehen — Moschko's Berechnung rettet ihn, — ergo exploitirt der Jude den Bauern.

Wir verlassen nun die Bilderjagd und sprechen nicht mehr von den fingirten Persönlichkeiten Moschko's und Jwan's, sondern wir führen einen ganz konkreten Fall an: in Kachofka war vorigen Monat Markt. Die Bauern kamen mit ihrem Getreide, die sonst unfehlbaren Juden — diesmal fehlen sie — die Erinnerung gewisser Ereignisse von nicht sehr altem Datum läßt es ihnen rathsam erscheinen, ihr baares Geld in der Tasche dem Getreide im Magazin vorzuziehen.

Die christlichen Getreidehändler, sehr zufrieden der Concurrenz der Juden los zu sein, denken an die alten lieben Zeiten zurück, wo man an dem Tschetwert Waizen drei Rubel verdiente. „Die Juden, die alle ehrlichen Geschäfte verderben und auch den Waizenhandel verderben, sind wir Gottlob los", und sie bieten dem Bauer drei Rubel unter dem odessaer Marktpreis. Der arme Bauer kann gar nicht begreifen, wie unchristlich der christliche Händler und wie der Jude beinahe — doch das darf er nicht sagen — gegen ihn gehandelt hat. Endlich auf die Versicherung von maßgebender Stelle, daß nichts zu riskiren, öffnen die Juden ihre Beutel und zahlen, natürlich schon um die Concurrenz niederzuschlagen, den höchsten Preis. Die Bauern fahren vergnügt nach Hause, erzählen ihren Weibern die merkwürdige Geschichte, was doch gar nicht zu glauben wäre, wenn man es nicht selbst erlebt hätte und dabei bleibt es; die Herren Getreidehändler der Stadt aber fahren ergrimmt nach Hause, schimpfen in ihrem Club oder in ihrer Stammkneipe auf die Juden, die das Geschäft ruiniren, alles an sich ziehen — und morgen erscheint ein flammender Artikel von der Exploitation der Juden.

Kommen wir in die Stadt, da wohnt an der Marktecke Herr N., ein „gemischter Waarenhändler", denn er verkauft Tuch und Häring, Syrup und Zündhölzchen, und alles, was der liebe Bürger braucht.

Das Geschäft besteht schon seit drei Generationen, Herr N. hat's von seinem Vater und dieser hatte es von seinem Vater, daß man an der Arschine Tuch zwei Rubel verdienen müsse, daß das Pfund Kaffee unter 60 Kop. nicht gegeben werden könne ꝛc. Nun zieht aber ein Jude in die Stadt, dieser denkt, um Kundschaft zu bekommen, muß ich billiger abgeben, und dann, wo steht geschrieben, daß ich an der Arschine Tuch zwei Rubel verdienen muß — verdien' ich einen und verkaufe ich zweimal soviel, so kommts auf eines heraus; und merkwürdiger Weise, die Berechnung des Juden stellt sich als richtig heraus und Alle (selbst die besten Christen) lassen sich's gefallen, dieselbe Waare beim Juden billiger zu kaufen, als bei ihrem Glaubensgenossen und Niemand von den Herren Käufern beklagt sich über diese Handlungsweise des Juden. Anders aber der alt angesessene Kaufmann, der die Religion in Gefahr, die bürgerliche Existenz bedroht, den Untergang der Welt nahe sieht — und bald erscheint ein Artikel in der Zeitung, der schimpft ein Langes und Breites über die — Exploitation der Juden.

Die Exploitation, d. h. die Ausbeutung der Gesellschaft seitens der Juden wäre also, daß sie (freilich ihren Vortheil auch bedenkend) den Gutsbesitzer auf seinem Gute erhalten, dem Bauern die Möglichkeit bieten ein wohlhabender Mann zu werden, dem Producenten den höchsten Preis für seine Waare geben, der Bevölkerung ihre Bedürfnisse mit dem kleinsten Gewinne zustellen — aber das schadet Alles nichts, der Jude exploitirt, das ist einmal das Feldgeschrei der national-ökonomischen Volksretter der Gegenwart, und jedenfalls sehr — verwendbar.

Es ist wahr, diese Manier sich mit dem kleinsten, aber deßhalb öfter zu realisirenden Gewinne zu begnügen, die die Juden in den Handel eingeführt haben, ist für ihre Concurrenten unangenehm, aber sie exploitirt nicht das Publikum, sondern hindert den Kaufmann der alten Schule, seinen gewohnten alten Gewinn weiter zu realisiren — d. h. an seiner Exploitation, und darum schreit er über die Juden und ihre Exploitation.

Wir wollen hier dem guten Mann ein Mittel anbieten, das ihm besser dienen wird als alle Schimpfartikel der Welt, die das Publikum zwar liest, während es aber schließlich doch dahin geht, wo es billiger einkauft — er bekämpfe die Juden mit ihren eigenen Waffen, begnüge sich mit demselben kleinen, womöglich mit noch kleinerem Gewinne, und er wird die Käufer sicher haben.

Ich erinnere mich hier meines kleinen Jugendfreundes, der sich's gewiß nicht träumen ließ, daß er einmal in der russisch-jüdischen Exploitationsfrage zitirt werden würde. Einst fand ich ihn nemlich ganz traurig neben seinem Finkenfange. „Hannesle, was ist dir, du guckst ja drein, als wenn dir der Fink dein Butterbrod aufgepickt hätte."

„Ja! siehst du, da steh ich und wart und wart wie ein Narr, und es will kein Fink nicht einfliegen, und mein Futter ist doch das beste; die Spitzbuben wollen halt nicht, und drüben der Fritz, dem kommen sie zugeflogen wie am Schnürle". "Ja, Hannesle, sieh, der Fritz der kennt den Finkenschlag, der versteht zu pfeifen — mußt halt auch das Pfeifen lernen"; und richtig, Hannesle hat's Pfeifen gelernt und hatte von nun an einen guten Fang. So ist es, mein lieber Freund, bei allen Geschäften muß man das Pfeifen verstehen.

Nun geben wir zu, daß das Exploitiren nicht immer so harmlos vor sich geht — aber was hat der Mißbrauch, die Unthat, das Verbrechen des Einzelnen mit der Gesammtheit zu thun? Wofür ist das Gesetz, wofür der Staatsanwalt da?

Und wenn man uns anklagt, daß wir nicht productiv seien, so antworten wir, daß die Juden wohl produciren, indem sie, wenn auch in geringerem Maße, größere oder kleinere Güter bebauen, Fabrikanten sind oder auch als Fabrikarbeiter leben und, wie oben bemerkt, alle möglichen Gewerbe und Handwerke treiben.

Wenn dies nun Thatsachen sind, so wollen wir doch den Kern der Anklage nicht umgehen, indem dieser es auf die vielen Mäkler und Geschäftsvermittler abgesehen hat.

Es ist wahr, für diese Thätigkeit stellen die Juden ein bedeutendes Contingent. Wir glauben aber, daß das Vermittlungsgeschäft, abgesehen von seiner Berechtigung, als vom Gesetze nicht verbotene Thätigkeit, ebenfalls productiv ist, indem der Vermittler die beim Verkäufer ruhig liegende Waare durch seine Thätigkeit in Bewegung setzt und somit durch die Uebergabe an den Käufer zu einem neuen Artikel umschafft, d. h. producirt, was um so wichtiger, als ohne den Vermittler Verkäufer und Käufer nicht zusammen kämen (S. die drei Gespenster des Verfassers).

Uebrigens lassen wir diese Einzelnheiten auf sich beruhen, sind wir denn reine Geister! leben wir denn in einer idealen Welt! Wo ist der Mensch, der nicht suchte, seinen Besitz, seine Kraft, sein Wissen auf die beste, für ihn nützlichste Weise zu verwerthen?

Aber sagt man, gute Menschen denken an die Gesammtheit — Wahr! aber wo wohnen denn diese guten Menschen? Welchem Stamme, welcher Religion gehören sie an?

Habe manch Land, manch Volk kennen gelernt, diesen Menschenschlag aber hab' ich nirgends getroffen.

Jeder Mensch, so lange er nur Mensch ist, denkt zuerst an sich, muß zuerst an sich denken, weil er das Centrum ist, von dem aus sich erst sein Horizont bilden kann, und wer für sich nichts taugt, taugt auch für die Welt nichts; dies ist ein alter Erfahrungssatz.

Und wenn man uns anklagt, daß die Juden so viele Schänken haben, und das arme Volk zum Trinken reizen, und bis zur Bewußtlosigkeit betäuben — so antworten wir: wir können es selbst nur bedauern, daß so viele Juden zu diesem schmählichen Geschäfte greifen; aber es liegt zunächst in der Natur des Geschäftes im allgemeinen, daß man sich zu dem Artikel wendet, der sich einer ebenso hohen Consumtion als Produktion erfreut. Einer starken Anreizung zum Trinken bedarf die Landbevölkerung wohl nicht, indem sie in sich selbst diesen Reiz hinlänglich empfindet, auch glauben wir nicht, daß der Jude den Trinker betäuben muß, indem dieser durch seine Neigung, und vielleicht mehr durch seine Verhältnisse veranlaßt diesen traurigen Grad des Vergessens sucht.

Endlich glauben wir bemerken zu dürfen, daß in den Provinzen, in welchen Juden überhaupt nicht wohnen dürfen, folglich auch keine jüdischen Schänker sich finden, die Völlerei, Armuth und Unsittlichkeit eben so verbreitet ist, ja vielleicht noch mehr als in den von Juden bewohnten, da der Jude nur gegen Geld den Schnaps verkauft, der russische Schänker aber aus Gemüthlichkeit und Liebe zur Sache auf Kredit gibt.

Und wenn man uns anklagt, daß die Juden den Steuern und Staatsabgaben sich entziehen, so antworten wir: wir glauben behaupten zu können, besonders da die Volkssteuern in Rußland so geringe sind, daß der Jude nur im Falle der äußersten Armuth sich dem Podat entzieht; was gewisse Unregelmäßigkeiten beim Zoll und Accis betrifft, so sind dieselben bei aller Neigung von Juden einseitig nicht möglich. Freilich der Mensch erlaubt sich gar leicht einen Mißbrauch, eine Unterschlagung gegen die Staatskasse, und dies um so eher, als er damit kein persönliches Interesse schädigt, der Staat aber in seiner großen Gesammtheit diesen kleinen Abgang nicht spürt, um so weniger, da er doch dabei nicht verliert, was er schon hat, sondern nur Etwas nicht bekömmt — schließlich hält sich ja Jeder für Miteigenthümer am Staatsvermögen, und so beruhigt man das Gewissen, eine Taktik, die, wie man sagt, von noch ganz anderen Leuten geübt werden soll.

Und wenn man uns anklagt, daß wir, denen die heilige Schrift doch Redlichkeit und Menschenliebe anbefohlen, zu einer Rasse von Wucherern geworden, so antworten wir: wahr! es gibt unter uns Wucherer eben so gut als unter allen anderen Völkern, wir sind aber überzeugt, daß die jüdischen Wucherer eben so wenig die „zehn Gebote" zur Bestimmung der Zinsen consultiren als die christlichen Wucherer von ihrer Religion sich inspiriren lassen; vielmehr, daß Beide, nicht weil sie Juden oder Christen, sondern weil sie herzlose Menschen sind, an der Noth ihrer Mitmenschen sich bereichern wollen.

Auf die Anklage, daß wir eine Rasse von Wucherern seien, sind wir trotz unseres gedrückten Zustandes zu stolz, um noch des Weiteren zu antworten.

Und wenn man uns anklagt, daß wir, die wir einst für ideale Güter, für Glaubens- und Gewissensfreiheit allen irdischen Besitz, Leib und Leben eingesetzt, später so materiell geworden, nur nach irdischen Gütern, nach Gold und wiederum nach Gold zu streben, so antworten wir: wahr! wenn wir nach Reichthum strebten, so war es, daß wir einst nur durch Gold und wiederum durch Gold unsere unglückliche Existenz erkaufen konnten; und wenn diese Schwäche uns theilweise noch bis heute nicht verlassen hat, so mag es vielleicht daher kommen, daß auch heute noch das Gold noch eher die Thüren der großen Gesellschaft öffnet, noch leichter alle Wege bahnt und Anerkennung schafft als das stille Verdienst oder die bescheidene Würdigkeit es vermögen. Dann aber kann nicht verschwiegen werden, daß, wenn auch viele Menschen von niedriger Gesinnung unter uns sich finden, derselbe Schlag wohl unter allerlei Volk gefunden werden mag, ohne daß deßhalb die Gesammtheit für die Fehler der Einzelnen verantwortlich gemacht wird.

Und wenn man uns anklagt, daß wir aus einem treuen Volke, das in seiner Selbständigkeit nie sein Wort, sein Versprechen, seinen Bund gebrochen (siehe Josua K. 6. 25 und 9. 18), das später mit seinem Blut den wankenden Perserthron gegen den Macedonier vertheidigt, als andere Bundesgenossen der untergehenden Größe den Rücken wandten, aus einem Volke, dessen politische Treue und Ausdauer selbst von einem Oktavian anerkannt wurde, obgleich es seinem Gegner gedient, das Jahrhunderte später in Neapel bei Theodat, dem verrathenen König der Ostgothen, bis zum letzten Mann aushielt, während seine eigenen Unterthanen ihn verließen (s. Procopius de bello Gothico 1. 10) — unzuverlässig, lau und gleichgiltig gegen alle historischen Ereignisse und Wandlungen geworden — so antworten wir: wem gegenüber sollten wir treu sein, da wir doch keinen Freund hatten, da die ganze Welt uns falsch und feindlich, weder unsere Treue verlangt, noch an sie geglaubt hätte.

Sollten wir vielleicht dem Grundsatze: „Judaeis fides non est tenenda" — Vertrauen und Hingebung zeigen?

Sind wir gleichgiltig gegen die Meinung der Welt geworden, so war es, weil wir verlernt hatten, Gerechtigkeit von ihr zu erwarten; sind wir gleichgiltig gegen alle historischen Ereignisse und Wandlungen geworden, so war es, weil es für uns nur gleichgiltig sein konnte, wo und von wem wir gedrängt und ausgesogen wurden. Für ein Vaterland konnten wir uns nicht begeistern, aus dem einfachen Grunde, weil wir keines hatten; wo war auch auf dem weiten Plan der Erden ein Land, das uns Vaterland gewesen wäre, das uns erlaubt hätte, als seine Kinder uns zu betrachten, das uns mehr Besitz gegönnt hätte, als die paar Fuß Erde, wohin wir unsere Todten begraben oder auch uns selber betten durften!

Welches Land hätte nicht mit Hohn und Entrüstung uns abgewiesen, wenn wir ihm für seine Kriege unser Blut statt unseres Geldes angeboten!

Hat ja selbst das empörte Polen im Jahre 1830 die jüdische Freischaar abgewiesen; wollte ja Preußen noch im Jahre 1840 seinen Juden die verdächtige Wohlthat zuwenden, durch eine runde Summe von dem gefährlichen Militärdienste sich loszukaufen! . . . . .

Und wenn man uns anklagt, daß wir aus einem tapfern, kriegerischen Volke, das die Philister geschlagen, Ammon gezüchtigt, Moab vernichtet, vor dem die syrischen Truppen geflohen, Roms eiserne Legionen gewichen, das Belisar widerstanden, im Kriege der Ost- und Westgothen sich ausgezeichnet, in Böhmen sich tapfer geschlagen, später bei Burgos sein Blut vergossen — nun zu Feiglingen geworden, die dem Kriegsdienste sich entziehen, keinen Sinn für militärische Pflicht und Fahnenehre haben, so antworten wir: jede Kraft will geübt, jede Eigenschaft will gepflegt sein; auch der scharfe Stahl rostet, wenn er nicht gebraucht, die Tapferkeit erlahmt, wenn sie nicht geübt wird. Unsere Tapferkeit hat Jahrhunderte lang geschlummert. — Fragt aber die Völker, die uns als Söhne des Vaterlands unter ihre Fahnen gerufen, ob sie im Todesschlummer gelegen, oder ob sie nicht vielmehr auferwacht ist, als sie die Stimme der Ehre, den Ruf der Pflicht hörte. Fraget an, ob unsere Jünglinge, wenn sie das Schwert ergriffen, nicht tapfer und todesmuthig kämpften; aber fraget an bei den Männern der Ehre, die Führer der Schlachten waren, und nicht bei jenen feilen Schwätzern, die an ihrem Schreibtische sitzen und Schlachtenberichte fabriziren und Lorbeere wachsen lassen; jene Ehrenmänner fraget an, ob unsere Jünglinge bei Kajanlik, in den Pässen von Schipka, vor Plewna 2c. — Männer waren. Daß wir übrigens auch Feiglinge unter uns haben — wer möchte dies bestreiten, wenn es ein altes Wort ist: „Non ex quovis ligno sit Mercurius", um wie viel weniger Mars. Was übrigens das Mysterium des angeborenen Schlachtenmuthes betrifft, gehen die Ansichten stark auseinander, besonders seit einmal der alte Blücher sich so schlicht und ehrlich, wie es seine Natur war, über ihn ausgesprochen.

Und wenn man uns anklagt, daß wir einen unverhältnißmäßigen Procentsatz Verbrecher stellen, so ist eine Anklage noch kein Beweis; sollte aber die Anklage wahr sein, so wollen wir dieses Mißverhältniß mit der Bemerkung nicht schwächen, daß in der Regel nur die leichten Verbrechen von den Juden begangen werden, während sie vor den schweren, wie Raub, Mord 2c., zurückschrecken, — weit entfernt, Verbrechen ist Verbrechen, und sobald man zu einem kleinen fähig ist, so ist das andere nur Frage der Gelegenheit.

Wenn also jedes Verbrechen strafwürdig ist, so dürfte es wohl doch die Frage sein, ob die Verantwortlichkeit für die That auf den Menschen allein zurückfällt, der sie begangen, oder auf die Verhältnisse mit, die sie hervorgerufen und begünstigt haben.

Wir glauben, auf diese fällt der größere Theil der Verantwortlichkeit. Wer hat aber diese geschaffen? Was soll der Arme thun, dem, wenn er von hundert Seiten verhetzt, verbittert und zurückgestoßen, nach diesem oder jenem bürgerlichen Gewerbe greift, es entgegenruft: Hand weg; das ist nicht für dich. Ist es ein Wunder, daß er zuerst dem Naturgesetze gehorcht, das ihm befiehlt zu leben, und dann erst hört, was das Staatsgesetz sagt, das er meistens nur von der gegen ihn gekehrten Seite kennen gelernt.

Nun wissen wir wohl, daß das Gesetz sich an die Thatsache zu halten und nicht zu philosophiren hat, aber die theoretische Behandlung der Frage darf wohl auf die innere Entwicklung eingehen.

Es ist ein düsteres, aber wahres Wort: es mag kaum einen Denker geben, der in der Verkettung der tiefen Gedankengänge nicht einmal dem Wahnsinn nahe gewesen wäre — so dürfte es vielleicht kaum einen

Menschen geben, der in den Verschlingungen des Lebens und seiner Verhältnisse nicht schon einmal nahe gewesen wäre — dem Verbrechen.
Wohl dem, der in sich den Anker, d. h. die sittliche Kraft gefunden, sich zu retten; ist aber der Unglückliche zu verdammen, der von den Verhältnissen umstürmt die Steuerkraft verloren, oder dem sein Ankertau gerissen? Wer will nun den ersten Stein auf den Verbrecher werfen? Wer, fragen wir weiter, will nun gar auf das Volk Steine werfen, dem dieser Verbrecher entstammt? Denken wir an das Wort: „Richte den Nebenmenschen nicht, vor du nicht an seinem Platze warst". Aboth 2. 4, oder an das verwandte Wort: „Richtet nicht, auf daß ihr nicht gerichtet werdet." Math. 7. 1.

Mit diesem meine ich aber keineswegs, Ungesetzlichkeiten, noch weniger Verbrechen der Juden zu rechtfertigen, aber bei der Lage der Verhältnisse und bei der Nothwendigkeit, daß der Mensch leben will und daß der Jude gewissermaßen dazu auch einiges Recht hat, — zu erklären.

Ich meine aber auch, die Gesellschaft sollte ihren Mitgliedern die Möglichkeit geben, redlich zu leben, und sie nicht durch ewige Vexationen aus dem Kreise der Gesetzlichkeit hinausdrängen und dann sich auf das hohe Schulpferd der Moral setzen und die armen Sünder verdammen.

War einmal in einem großen Hause zu Gast und unwillkürlich Zeuge einer Familienscene. In der Ecke stand ein kleiner Junge — das Stiefkind des Hauses — er war angeklagt, ein Stück Kuchen genascht zu haben; bewiesen oder nicht, die allgemeine Entrüstung erhob sich gegen ihn und nun stand es fest, daß er alle die kleinen süßen Annexionssünden des Hauses begangen haben mußte. Die liebe Stiefmama tobte, die lieben Tanten sekundirten, die lieben Freundinnen schüttelten die Köpfe und wollten längst gemerkt haben, daß da ein böses Früchtchen heranwachsen würde; die lieben Stiefgeschwister, die tobten und jubelten und stießen und kneiften den kleinen Verurtheilten, glücklich, daß nun ein Sündenbock für alle vergangenen, und auch für alle zukünftigen Fälle gefunden war.

Der kleine Verbrecher stand in der Ecke, blaß, halb zerknirscht, halb trotzig, und fuhr endlich heraus: „muß wohl Kuchen naschen, wenn Mama kein Brot gibt; beim Mittag bestraft und zum Vesper weggeschickt."

„Was, die kleine Kanaille raisonnirt noch, welch eine Rasse, welche Verderbtheit"! So tobte die liebe Stiefmama, die lieben Tanten sekundirten, die lieben Freundinnen blickten auf zum Himmel und die lieben

Stiefbrüder jubelten, schlugen jetzt erst recht auf den kleinen Verbrecher los, hatten sie ja doch ein Recht dazu, Mama machte ihn ja vogelfrei.

Ich stand am Kamin und dachte, was wohl der Vater sagen würde zu dieser Geschichte, wenn er nach Hause kömmt und die Sachlage erfährt. Ja aber da steckt der Haken; wenn er es erfährt, wer wird ihm die Wahrheit sagen? — Die liebe Stiefmama nicht, die lieben Tanten auch nicht, und die lieben Freundinnen erst recht nicht, und der Kleine — muß das Maul halten.

Wenn aber dem Allem nicht so wäre, wenn die Anklagen gegen uns wahr wären, wie sie es nicht sind, wenn wir Alle Materialisten, Goldsucher, Wucherer, Fälscher, Contrabandisten, gefühllos gegen das Land, in dem, gegen die Leute, mit denen wir leben, wenn wir Alle Militärflüchtlinge, feige in der Schlacht, gleichgültig gegen ihren Erfolg, gegen Sieg und Fahnenehre wären — so hätten wir ein Wort, das uns sühnte, das uns lossprüche von aller Schuld, und dieses Wort lautet: vestra culpa!

Dem sei jedoch wie ihm wolle, daß wir aber heute, trotz tausendjähriger Verfolgung, trotz Rechtlosigkeit, Erniedrigung und Entehrung dennoch echtes Menschenthum in uns erhalten haben, daß wir dem Vertrauen — Ehrgefühl, der Gesellschaft — guten Willen, dem Staate — Treue, dem Fürsten — Gehorsam, dem bürgerlichen Leben — gesunde Thätigkeit entgegen tragen, daß wir für Kunst und Wissenschaft den echten Funken, für Gewerbe und Industrie Fleiß und Unternehmungsgeist, für den Handel aber (was uns wohl auch unsere Feinde zugeben) eine gewisse Begabung in uns tragen, daß wir im Krieg und Frieden alle Pflichten treu erfüllen, die der Staat von seinen Bürgern erwarten kann — das wird uns Frankreich bezeugen, England, Italien, Oesterreich, und selbst Deutschland, wie es auch heute der Herd antisemitischer Bewegung ist, kann unsere bürgerliche Tüchtigkeit nicht ableugnen (diese scheint ihm sogar etwas zu stark zu werden). Ja noch mehr, wir können sagen, daß noch kein Staat die Rechtsstellung bereuet hat, die er den Juden gegeben, denn zunächst fühlt jeder eine innere Befreiung, wenn er sein altes Unrecht gesühnt, dann aber tritt ein weniger ideales, aber um so praktischeres Motiv hinzu, indem die Rechtsstellung der Juden der Thermometer ist, nicht nur für das allgemeine Rechtsbewußtsein, sondern für den Volkswohlstand und den Staatskredit.

Haben wir nun den Charakter, die Thätigkeit und die Ziele der schlechten Presse dargelegt, die Nichtigkeit ihrer Anklagen und Vorwürfe bewiesen, so könnten wir hoffen, daß wir sie eines Bessern überzeugt hätten, wenn es nicht eben in ihrem Charakter läge, der bessern Ueberzeugung nicht zugänglich zu sein; denn mit dem Aufgeben ihrer Vorwürfe und Anklagen wäre ja jeder Scandal aufgegeben, wäre der Boden unter ihren Füßen gewichen, und was die Hauptsache, wären ihre Leser, d. h. ihre Abonnenten verloren; denn sie hat sich einen Leserkreis herangezogen, der jeden Morgen in seinen Thee einen Judenscandal eintunken will. Dieser Kreis, weit entfernt mit der gewöhnlichen politischen Lektüre sich zu begnügen, überschlägt diese vielleicht ganz und sucht seine Lieblingsunterhaltung.

Ist es ja so bequem, auf Menschen, die uns nicht nahe angehen, zu schimpfen, immer neue und recht gruselige Geschichten von ihnen zu hören, die eigene Tugend wächst dabei und der zufriedene Leser streicht mit einer gewissen Behaglichkeit den Bart, übt sich in rhetorischen Stellungen für zukünftige Volksversammlungen und geht einstweilen mit starken Schritten, die nur ein stolzes Selbstbewußtsein geben kann, durch das Zimmer.

So muß denn die schlechte Presse, da sie schon einmal a gesagt hat, gezwungen oder freiwillig auch b sagen.

Die Eitelkeit tritt auch hinzu, man will in seiner Productivität nicht schwächer erscheinen; endlich wird man auch durch den Widerspruch der ehrlichen Blätter gereizt und so kommen alle die Ungeheuerlichkeiten zur Welt, die unsere Journalistik auszeichnen d. h. die Civilisation schänden, die Gegenwart mit Schrecken und Schmach bedecken und der Zukunft ein blutrothes Horoskop stellen.

Doch kehren wir zur unmittelbaren Gegenwart zurück. Nach der Lage der Dinge sind nur zwei Fälle denkbar, entweder glaubt das Publikum an die Berichte und Schreckgestalten der schlechten Presse, so muß es freilich zuerst sich wundern, daß von Seiten der Behörden nichts geschieht, um die Gesellschaft vor dem jüdischen Ungeheuer zu schützen, und muß dann, wie wir gesehen haben, die Rechtspflege selbst in die Hand nehmen; glaubt aber das Volk nicht an die Wahrheit der gelesenen Ungeheuerlichkeiten und sieht wie diese dennoch täglich in neuen Auflagen, mit frischen Wendungen und Zusätzen erscheinen, wie der alte Verleumdungskohl immer wieder von neuem aufgekocht wird, ohne daß etwas dagegen geschieht, so glaubt es, daß den Juden ihr moralisches Eigenthum, Menschenrecht und Gesetzesschutz entzogen ist; es kann somit nicht befremden, wenn es seinen Glauben in seine Sprache übersetzt und sich sagt: entzieht man den Juden ihr moralisches Eigenthum, so dürfen wir ihnen wohl ihr materielles Eigenthum nehmen. Und diese Volks=logik bewaffnet sich eines Tages mit Knütteln und Steinen, wirft unsere Fenster ein, bricht unsere Thüren, raubt unser Eigenthum, zerstört unsere Häuser, verübt Gewaltthat, Raub und Mord und wer will die Dimen=sionen berechnen, welche das entfesselte Element annehmen, wo der „Golem" der Volkswuth stehen bleiben wird? (S. die drei Gespenster).

Wir sehen uns somit von unseren Feinden verleumdet, von den niedrigsten Leidenschaften bedroht, von roher Gewalt verfolgt — schutz=los preisgegeben. Dies ist unser gegenwärtiger Zustand — und die Zukunft!?.....

Wir glauben ein Zustand, der für einen Theil der Staatsange=hörigen so gefahrdrohend, für einen anderen Theil zur Ungesetzlichkeit anregend, den staatsfeindlichen Elementen eine stets bereite Handhabe für ihre Unternehmungen bietet, könne auch für den Staat selber kein beruhi=gender sein, und es dürfte für diesen ebenso wünschenswerth sein, das Anomale dieses Zustandes in eine organische Ordnung zu bringen, als es für jene eine Lebensbedingung ist, in den großen Staatsorganismus eine geordnete, feste Einfügung zu finden.

Wie aber die Verhältnisse liegen, kann mit halben Maßregeln nach keiner Seite hin etwas befriedigendes erreicht werden; nur ein Gesetzes=akt, der mit der ganzen sittlichen Kraft des Rechtes umgürtet, mit der Majestät des kaiserlichen Willens in die Wagschale der schwankenden Zu=stände geworfen wird, kann die Frage lösen, die Verhältnisse ordnen, nach rechts und nach links beruhigen und den ewig lauernden Geist der Unordnung bannen.

Und dieser Gesetzesakt kann nur: die vollständige Gleichstel=lung der Juden mit allen Unterthanen des Reiches sein.

Nur dann, wenn das Volk den Juden von dem Gesetze als Sohn des Vaterlandes angesehen, wenn es ihn geschützt weiß, wie jeden Anderen, wird ihm der Wahn genommen, daß es den Juden als rechtlos beleidigen und verfolgen könne, und es wird ihn als seines Gleichen betrachten und Ruhe und Frieden wird im Lande sein.

Wir können es uns nicht verhehlen, daß bei der jetzigen Lage der

Dinge dieser Akt seine Schwierigkeiten bieten mag; denn es kann in einem Staate, der aus so verschiedenartigen Elementen besteht, und wo die Geister noch so wenig vorbereitet sind, ein Rechtsgedanke nicht so schnell den ganzen Organismus durchdringen; außerdem sind jetzt die Volksleidenschaften zu aufgeregt. Wenn man aber bedenkt, daß Rußland gewohnt ist, den Willen seines Zaren als den Ausfluß der unnahbaren absoluten Majestät zu betrachten, wenn man ferner in Erwägung zieht, daß in Rußland die Verhältnisse unendlich günstiger liegen als in West-Europa, wo zum Theil dynastische Interessen, eine intolerante Kirche, und eine wirkliche Volksabneigung zu überwinden waren, und dennoch die Idee des Rechtes und der Humanität zur Thatsache gemacht wurde — um wie viel leichter muß dies nun hier werden, wo die hohe Gnade des Zaren seine Unterthanen alle mit gleicher Liebe umfaßt, wo die Kirche durch den Mund ihrer erleuchteten Fürsten den Geist der Duldung und Liebe als den ihrigen proklamirt, wo das Volk in seinem Kerne so grade und rechtschaffen ist — wo also gar kein eigentliches Hinderniß zu überwinden.

Sollten wir uns aber in diesem unserem Schlusse doch irren, sollte es eine höhere Staatsweisheit opportun finden, diesen sich nach vielen Seiten hin sehr empfehlenden Akt nicht in's Leben zu rufen, da sie die Masse von 3,000,000 Juden für zu groß hält, um ihr ohne Schaden für 90,000,000 Russen alle Gebiete der Rechtsgleichheit erschließen zu können, so dürfte sich der Gedanke empfehlen, daß Rußland der Ueberzahl seiner Juden sich dadurch entledigte, daß es ihnen die Auswanderung auf gesetzlichem Boden gestattet.

Wir können diese Alternative nicht verlassen, ohne unsere Ueberzeugung auszusprechen, daß mit der ersten Maßregel Rußland an seinen Juden eine große Wohlthat ausübte, an sich selbst aber wohl eine noch viel größere.

Denn abgesehen davon, daß es eine große moralische Erleichterung ist, von einem, wenn auch historisch angeerbten Unrechte sich zu befreien, abgesehen davon, daß eine Rechtsthat, an sich schon Ursache und Zweck, ihren höhern Lohn in sich trägt, abgesehen davon, daß Rußland von jener politischen Unbehaglichkeit sich befreien würde, ein fremdes, zur Fremdheit verdammtes Element in sich herumtragen, ein ewig Ausgeschlossenes in sich einschließen zu müssen, — würde es mit der Emancipation 3,000,000 Menschen glücklich machen, aber auch, was wohl schwerer in die Wagschale fallen dürfte, 3,000,000 treue, hochbegeisterte, bis zum letzten Blutstropfen hingebende Unterthanen gewinnen, eine unter den jetzigen Verhältnissen wohl nicht zu unterschätzende Kraft.

Ja wir können mit gutem Gewissen behaupten, daß die Juden aus ihrer früheren Stellung als défaut de la cuirasse zu einem wichtigen Vorposten gegen alle staatsfeindlichen Versuche sich verwandeln würden, die bisher brach liegenden oder auch, weil sich selbst überlassen, eine falsche Richtung einschlagenden Kräfte würden der großen Staatsströmung zufließen, sich mit ihr vermischen — und den allgemeinen Staatszwecken dienen.

Die erste vorbereitende Maßregel aber müßte unter allen Umständen die Freizügigkeit sein. Es steht fest, daß alle Unregelmäßigkeiten, die moralischen sowohl als die materiellen, die begründeten sowohl als die unbegründeten, aus dem massenhaften Zusammenwohnen der Juden in einzelnen Städten und Gouvernements stammen.

Alte Gesetze haben hier die Juden in einen Bannkreis eingeschlossen, der sie zur moralischen Verfinsterung und zur materiellen Verjumpfung verurtheilte; nur wenn sie Licht und Luft bekommen, werden ihre geschlossenen Gruppen sich auflösen, die schädlichen Dünste, die aus ihrer Massenhaftigkeit sich entwickeln, werden verschwinden und mit ihrer Zerstreuung über das ganze Land werden sie bürgerlich aufgehen in die Gesammtheit.

Wenn es eine unleugbare psychologische Erfahrung ist — denn Völker haben ihre Psychologie so gut wie Individuen — daß die Berührung zweier Nationalitäten für Beide nützlich ist, indem sie die Eigenthümlichkeiten und Härten beider abschleift, ihre Einsicht und ihre Thätigkeit befruchtet, so müssen sich gewisse störende Eigenthümlichkeiten der Juden durch die Auflösung der Massen um so eher verlieren, als durch sie nicht nur die natürliche, sondern auch die moralische Atmosphäre sich reinigt, der krankhaft religiöse Eifer, die fromme Spionage, die fanatische Controle sich verliert, was um so schneller eintreten muß, als kein Volksstamm leichter von einem Extrem in's andere überspringt, als der russisch-jüdische; endlich ist der beweglichere, schlauere Geist der Juden, selbst wenn er sich zu seinem persönlichen Vortheile bei der Landbevölkerung geltend macht, ein erweckendes Ferment, das den trägen Geist der Landbevölkerung anruft und in Thätigkeit versetzt.

Und wenn man uns hier wiederum die Besorgniß vor Exploitation der Landbevölkerung entgegen hält, so ist diese bereits oben zurechtgestellt. (S. die 3 Gespenster des Verfassers).

Gesetzt aber diese Besorgniß wäre begründet, so dürfte man ihre Ursache nur als eine vorübergehende, sehr kurz dauernde Entwicklungsphase der Landbevölkerung ansehen, aus der sie bald belehrt und gewitzigt, vorsichtig und scharf umblickend hervorgehen würde; denn wir haben auf vielfachen Reisen, besonders die Bekanntschaft des Bauernstandes suchend, gefunden, daß der Bauer klug und schlau geworden ist und sich sogar da und dort den Namen „Advokatenbauer" erworben hat.

Von bedeutendem Nutzen möchte es aber besonders sein, wenn das flüssige Kapital der Juden durch den Bodenerwerb sich in das Land hinein stecken würde; es liegt auf der Hand, daß mit der Höhe der Nachfrage der Preis eines Artikels steigt, somit muß auch, wenn die Juden sich dem Bodenerwerbe zuwenden, der Grundwerth von Land und Boden steigen; wenn nun aber der Grundwerth gestiegen, so müssen auch die Einkünfte, da jedes Kapital seine Zinsen tragen will, sich erhöhen, es muß somit Fleiß und Thätigkeit mit Sparsamkeit und Nüchternheit sich verbinden, um die Zinsen des erhöhten Bodenwerthes zu bringen, und das Resultat wird für den Einzelnen erhöhter Wohlstand, für den Staat erhöhte Steuerfähigkeit seiner Unterthanen sein.

Wir dürfen jedoch bei der Realisirbarkeit dieses Gedankens das Bedenken nicht ganz unterdrücken, daß die Juden nicht so leicht und besonders nicht so erfolgessicher dem Landbau sich zuwenden werden, denn ein Volk befreit sich nicht schnell von einer ihm durch Jahrhunderte angewohnten Eigenthümlichkeit, und daß sie somit, selbst auf dem Lande wohnend, sich immer noch dem Handel zuneigen würden.

Wir können aber selbst dieses für kein entscheidendes Hinderniß der Emancipation betrachten, denn der Handel hat, abgesehen von seiner großen Bedeutung im Staate, auch in der kleinen Form der ländlichen Verhältnisse seinen unleugbaren Nutzen, indem er die tausend kleinen Gegenstände, die verbraucht, veraltet, zerbrochen, für den Besitzer entweder keinen oder einen unbedeutenden Nutzen haben, zu einem gewissen Werth erhebt, indem er sie sammelt und als Rohmaterial einer neuen Verwendung zuführt.

Uebrigens schrecken wir überhaupt vor der Erwägung nicht zurück, daß die Juden für den Handel eine hervorragende Begabung und entsprechende Neigung haben: denn wir glauben nicht, daß es von entscheidender Bedeutung ist, daß die Juden gerade in einer bestimmten Richtung und nun gar als Ackerbauer für den Staat einen Nutzen bringen, wenn sie nur überhaupt Nutzen bringen. Wenn die Landwirthschaft im kleinen jede Kraft in Bewegung setzt, aber sie auch nach der ihr innewohnenden Qualifikation arbeiten läßt, um ihren Zweck d. h. Nutzen zu erreichen — wie sie von einem mageren Boden keinen Waizen, vom Schafe keine Zugkraft, vom Rinde keine Wolle verlangt, so wird auch der Staat im großen gut thun, jede Kraft heran zu ziehen und aber auch in ihrer Weise und natürlichen Qualifikation zur Anwendung zu bringen, jede Thätigkeit auf den rechten Platz zu stellen und das rechte Ziel ihr zuzuweisen. Es wäre somit kaum rationell, würde sich auch vom nationalökonomischen Standpunkte nicht sehr empfehlen, aus einem guten Kaufmann einen schlechten Landwirth zu machen.

Für Rußland besonders, will uns bedünken, hat der Handel nicht blos eine nationalökonomische Wichtigkeit, sondern auch eine hohe, politische Bedeutung.

Es ist nemlich nicht zu verkennen, daß nach allen kriegerischen und diplomatischen Schwankungen und Vereinbarungen Rußlands einziger und nothwendiger Feind, mit dem es über lang oder kurz auf Leben und Tod sich treffen muß — England ist und sein muß; und zwar liegt in Asien der Knotenpunkt der russischen und englischen Interessen.

Der Lebensnerv Englands aber ist der Handel, die einzige Macht, die es zu fürchten hat, ist die Concurrenz, Indien ist seine Achillesferse.

Wo aber hat Rußland die Möglichkeit diesem handelsmächtigen Riesen bei dem dermaligen Stande seiner Fabriken und seines Handels entgegen zu treten?

Wenn man aber in politischen Fragen niemals von dem Momente die Realisirung eines Planes erwarten darf, so dürfen auch wir von der Gegenwart nicht die Erfüllung eines Gedankens verlangen, der erst in der Zukunft reifen kann und überhaupt sehr sorgfältig angebahnt sein will. Ist England ein ungeheurer Polyp, der an den Meeresküsten ruht, alle Erdtheile aussaugt, so wissen wir, daß eine gute Schaar kleiner Schwertfischchen den riesigen Polypen in seiner Arbeit, jedenfalls in seiner Verdauung stören kann. Mag er anfangs mit Verachtung der kleinen Wunden den Riesenleib schütteln, um so tiefer sich einbohren, um so stärker saugen — er wird an ihnen verbluten.

Möge Rußland diese Schwertfischchen suchen, und wenn es sie gefunden hat, sie auszschicken auf ihre wichtige Mission, möge es die Kraft in sich finden, die im Stande ist, dem handelsmächtigen England durch Unternehmungslust, Intelligenz und Gewandtheit einst die Spitze zu bieten, und diese Kraft sind nur — die Juden.

Wohl hat England alle Vortheile des „beati possidentes" für sich. Was aber die Verhältnisse für England thun, hebt die Persönlichkeit auf, da der Engländer durch Charakter und Gebahren im fremden Lande immer fremd bleibt, was Nordamerika, das Kaffernland, Afghanistan und in der neuesten Zeit Transvaal beweisen, während die Juden die Fähigkeit besitzen, sich überall zu akklimatisiren d. h. mit der Gesellschaft sich zu verschmelzen, durch ihren Geist und ihre Erfahrung sie zu beeinflussen.

Zu diesem Zwecke braucht man weniger große Unternehmungen, bedeutende Anlagen, als vielmehr kleine Detailisten, die mit der Masse in tägliche Verbindung kommen und bewußt oder unbewußt den Boden für russische Interessen gewinnen.

Eine Colonisation nach dem Osten wäre somit ein Plan, der wohl würdig sein dürfte, daß die russische Staatsweisheit ihn in Erwägung zöge.

Die Colonisation hat schon in ältesten Zeiten eine große, zum Theil politische, zum Theil nationalökonomische Aufgabe gehabt; abgesehen davon, daß die alten Eroberer die Ureinwohner der eroberten Länder in fremde Provinzen verpflanzten, damit sie aus dem alten Heimatboden nicht frische Kräfte für einen Aufstand gewinnen, hat Griechenland seine Uebervölkerung nach Kleinasien colonisirt, zum Theil um mehr Raum für die Zurückbleibenden zu gewinnen, zum Theil um die bedenklichen Masseneelemente, deren man durch den Ostracismus nicht Herr werden konnte, wie der einzelnen Persönlichkeit, zu entfernen.

Rom legte Colonien an, um seine Macht zu befestigen oder auch auszubreiten, Tyrus und Karthago, um für ihren Handel neue Märkte zu gewinnen — Rußland würde durch die Colonisation der Juden, natürlich in gehöriger Mischung mit Stammrussen, alle Zwecke der drei Hauptvölker des Alterthums verbinden, es würde Elemente, die ihm schwer assimilirbar erscheinen, entfernen, seinem Handel einen ungeahnten Aufschwung bereiten und seine politische Bedeutung im Osten erhöhen.

Grundbedingung einer solchen Colonisation wäre, daß die Colonisten durch das Band der Liebe und Treue auch in der Fremde dem Mutterlande verbunden blieben; dann müßte ihnen freilich das Mutterland — ein **Vaterland** sein! . . . . .

Wir haben zum Schlusse die Aufmerksamkeit der hohen Verwaltung auf eine alte römische Sage zu lenken; es ist eine geheimnißvolle Geschichte, vielleicht prototypisch für unsere Gegenwart. Trat nemlich eine Sibylle zum Könige und bot ihm mehrere Bücher zum Kaufe an. Sie forderte eine so ungeheure Summe, daß man sie abwies — sie ging, verbrannte ein Buch, kam wieder, und verlangte für die anderen den alten Preis; man wies sie streng ab — sie ging, verbrannte wieder ein Buch, kam und verlangte für den Rest den alten Preis. Jetzt wurde der König aufmerksam auf das eigenthümliche Gebahren der Sibylle, er ließ die Bücher untersuchen und siehe da, es waren die Schicksalsbücher der Zukunft Roms — und die Bücher wurden gekauft und der Preis wurde bezahlt und Rom wurde — die Beherrscherin der Welt.

Der Verfasser dieser Schrift ist wie der Titel es besagt — Rabbiner, und ein Rabbiner dürfte vielleicht auf die hohe Diplomatie mit seiner Weisheit denselben eigenthümlichen Eindruck machen, den einst die Sibylle auf den mächtigen Herrscher Roms gemacht hat.

Einmal schon hat er seine Gedanken der staatlichen Erwägung unterbreitet; wahr, sie sind beachtet worden, aber der Hauptzweck wurde nicht erreicht; er ist gegangen, hat zwar nichts verbrannt, nichts ist verloren als etwa zwei Jahrzehente, in denen die Kraft und Intelligenz seines Volkes für das Gedeihen Rußlands schon hätten arbeiten können, die sind verloren. Ich komme nun wieder — biete nochmals meine Offenbarungen an, der Preis, den ich verlange, ist die Emancipation meines Volkes — wird man mir diesen Preis zahlen?!